PROFIL Collection
par Georges
D'UNE ŒUVRE

P9-ECZ-076

PENSÉES

PASCAL

Analyse critique

par Claude GENET
agrégé de grammaire,
professeur au Lycée Janson-de-Sailly

 HATIER

© HATIER PARIS, 1973

Toute représentation, traduction, adaptation ou
reproduction, même partielle, par tous procédés,
en tous pays, faite sans autorisation préalable
est illicite et exposerait le contrevenant à des
poursuites judiciaires. Réf. : *loi du 11 mars 1957.*

ISSN 0750 - 2516   ISBN 2 - 218 - 02271 - 0

Sommaire

N. B. Cet ouvrage se réfère à la dernière édition (1972, n° 823★★★) des *Pensées* dans la collection du Livre de poche, qui reproduit le classement de L. Brunschvicg.

INTÉRÊT DES « PENSÉES »

Peu d'œuvres sans doute sont plus ardues que les *Pensées*. Cette difficulté tient d'abord à la nature de la méditation pascalienne, non seulement morale, mais encore métaphysique et religieuse. Que Pascal en effet se défende d'être un philosophe ou un théologien de profession, rien de plus légitime : il n'en est pas moins informé du stoïcisme d'Épictète et du scepticisme de Montaigne, nourri surtout de l'Ancien et du Nouveau Testaments qu'il savait par cœur, et des Pères de l'Église, et des copieux commentaires des docteurs jansénistes. Aussi la subtile question de la grâce, exposée dans *Les provinciales*, se retrouve-t-elle en filigrane dans « l'Apologie ».

Difficiles, les *Pensées* le sont aussi en raison des conditions dans lesquelles elles nous sont parvenues. Symphonie inachevée, elles n'ont cessé de mettre à l'épreuve l'ingéniosité des amis comme des adversaires de Pascal qui ont cherché à en découvrir le plan définitif. De là tant d'éditions diverses et d'interprétations contradictoires : catholique orthodoxe ou janséniste hérétique, mystique ou sceptique, humaniste ou misanthrope, tête bien faite ou pitoyable névrosé, quel est donc le vrai visage de Pascal ?

Cependant les *Pensées* ne laissent pas d'être intéressantes. Loin de s'adresser aux seuls érudits, elles nous concernent tous et, pour peu que nous les parcourions, d'emblée nous captivent. Quelle variété en effet : vérité et finesse de l'observation, rigueur du raisonnement, frémissement du style, enfin, par-dessus tout, ce drame d'un croyant convaincu des limites de notre raison, mais qui voudrait nous persuader d'adhérer à ce qu'il tient pour vérité et salut.

Quelle que soit notre attitude, même si à regret nous ne pouvons nous rallier aux convictions de Pascal, même si nous

nous insurgeons franchement contre lui, les *Pensées* nous auront conduits, du moins sur le plan humain, à l'essentiel, à une réflexion personnelle et à un libre choix, face aux plus graves et aux plus hauts problèmes de l'homme.

Éveilleur des esprits par les questions qu'il pose, Pascal l'est encore par sa façon de les poser. En effet la tournure scientifique de son esprit : recours à l'expérience, étude de notre place au sein de l'univers - et la forme de sa sensibilité : vision tragique d'un monde sans Dieu, s'apparentent aussi bien au positivisme qu'à l'existentialisme chers à notre temps. Et cet accent déjà moderne, à côté d'un classicisme soucieux de décrire les aspects permanents et universels de la nature humaine, explique la double actualité des *Pensées*.

PROFILS DE L'ŒUVRE

Les remarques précédentes nous invitent à aborder les *Pensées* aussi objectivement que possible, en essayant de déterminer leur genèse, les courants intellectuels et spirituels auxquels elles se rattachent ou s'opposent, les intentions de l'auteur.

Nous pourrons alors nous attacher aux idées mêmes, en dégager les thèmes : la condition humaine, la foi, la vérité du christianisme. Méthode plus subjective, certes, mais Pascal l'aurait-il désavouée ? « On se persuade mieux pour l'ordinaire, dit-il, par les raisons qu'on a soi-même trouvées que par celles qui sont venues dans l'esprit des autres » (10).

Enfin, avec une sympathie qui paraîtra peut-être de meilleur aloi qu'un point de vue exclusivement critique, la valeur de l'œuvre sera appréciée à travers les jugements portés le plus fréquemment sur l'artiste et le penseur.

C'est à tous ceux qui cherchent à s'initier à Pascal que s'adressent les pages suivantes, en particulier aux élèves de première et de terminale. N'est-ce point parce que l'adolescence est l'âge des questions fondamentales, des mises en cause, des options souvent décisives, que les programmes scolaires n'ont pas jugé prématuré de lui prescrire l'étude d'une œuvre si profonde et si complexe ? Largement tributaire de tant de travaux consacrés à Pascal, ce guide souhaite permettre à ses lecteurs d'accéder aux thèses magistrales, mais surtout leur donner le goût de lire ou de relire les *Pensées*.

Indications biographiques

1623-1647 Un savant précoce

1623-31 *en Auvergne à Clermont*
Les trois enfants : Gilberte (1620), Blaise (1623), Jacqueline (1625).
Mort de la mère (1626). Blaise élevé libéralement par son père.

1631-39 *à Paris*
Le frère de Pascal, féru de mathématiques, vient s'établir à Paris.
Dons précoces de Blaise (12 ans) pour les sciences.

1639-47 *en Normandie, à Rouen.*
Blaise invente pour son père une machine à calculer.
Premières expériences sur le vide, poursuivies au Puy-de-Dôme et à Paris

1647-1652 Rencontre avec le jansénisme
Contacts à Paris avec le Monastère de Port-Royal (1648).
Vocation religieuse de Jacqueline (1652).

1652-1654 « Divertissement »
Présentation à la cour. Amitiés avec les grands. (Roannez, Sablé).
Rencontre de libertins notoires (Méré, Miton).
Lecture d'Épictète et de Montaigne.

1654-1656 Zèle religieux
Crise morale : « grand mépris du monde » (sept. 1654).
Nuit mystique du 23 nov. 1654 : (Le Mémorial).
Retraites à Port-Royal-des-Champs (janv. 1655 et janv. 1656).
Guérison miraculeuse de la nièce de Pascal (1656).
Premières notes en vue d'une apologie du christianisme.

1657-1658 Polémiques
Les 18 *Provinciales :* janv. 1656-juin 1657.
Écrits sur la grâce.
Conférence à Port-Royal (1658) sur le plan de l'*Apologie.*

1659-1662 Dépouillement
« État d'anéantissement » : mars 1659, août 1660.
Premières persécutions contre Port-Royal. Mort de Jacqueline (oct. 1661).
D'abord intransigeant, Pascal se retire de la controverse religieuse.
Vie ascétique et consacrée aux œuvres charitables.
19 août 1662 : agonie de Pascal.
1670 : 1re édition posthume des *Pensées.*

De 1654 à 1662 Pascal habita une maison du quartier latin (aujourd'hui, 54, rue Monsieur-le-Prince) qui donnait d'un côté sur le Luxembourg de Mansart et de l'autre sur l'église de la Sorbonne récemment achevés. Il rendait visite à sa sœur dans la récente chapelle du Faubourg Saint-Jacques (aujourd'hui boulevard de Port-Royal), près du Val-de-Grâce (1645-1665).

2 Histoire et contenu des « Pensées »

APPROXIMATIONS

Si le but de Pascal fut à n'en point douter de rédiger une Apologie du christianisme, nous ignorons au juste comment se déroula cette entreprise. Selon Étienne Périer, neveu de l'écrivain, le projet remonterait à 1652, date à laquelle Pascal rencontre à Paris dans la société mondaine certains « esprits forts » dont il se promet de réfuter l'athéisme. Selon Gilberte, sa sœur, c'est à la suite de la guérison effectuée par la Sainte épine [1] (mars 1656) que Pascal aurait décidé, en août 1657, d'écrire un livre sur les miracles, première idée de son Apologie. De nos jours la critique adopte un moyen terme : septembre 1656. En tout cas en 1658 - mai ou octobre ? on en discute encore - Pascal expose, à Port-Royal, devant un petit groupe d'amis, le plan de son argumentation. L'un des auditeurs, Filleau de la Chaise, en publiera un compte rendu en 1672. Mais peu après cette conférence, Pascal, éternel malade, tombe de mars 1659 à août 1660 dans « un anéantissement de toutes ses forces » qui lui interdit pendant plus d'un an tout travail intellectuel. Il semble que les trois quarts des notes qui constitueront plus tard les *Pensées* aient été alors prises. Les deux années de vie qui restent à Pascal ne sont guère plus favorables à la poursuite de son œuvre : outre la maladie surviennent les controverses religieuses, la véritable tragédie de Port-Royal, alors que de son propre aveu « dix ans de santé » lui auraient été encore indispensables.

C'est donc approximativement de 1656 à 1662 que Pascal a médité son Apologie, et cela sans renoncer dans d'autres domaines à bien des recherches. Aussi doit-on rejeter certaines légendes : les *Pensées* ne sont pas l'œuvre d'un penseur qui sentant sa mort prochaine emploie ses derniers jours à jeter sur le papier des réflexions hâtives et désordonnées, encore moins celle d'un homme atteint dans ses facultés mentales.

1. Cf. tableau biographique.

MÉSAVENTURES D'UN MANUSCRIT

A la mort de Pascal, sa famille s'empressa de reproduire en double exemplaire les documents qu'il destinait à l'Apologie du christianisme. « La première chose que l'on fit fut de les faire copier tels qu'ils étaient et dans la même confusion qu'on les avait trouvés » (préface de la 1re édition).

Ces documents sont soit de la main de Pascal, soit de celle de Gilberte ou d'un secrétaire à qui l'écrivain les dictait. Il utilisait de grandes feuilles qui furent découpées ensuite en fiches de dimensions inégales selon l'importance des idées développées. Ces fiches portent la trace de perforations qui laissent supposer qu'elles étaient embrochées ou réunies par une ficelle. Effectivement, nous dit encore la préface de 1670, les papiers de Pascal se trouvaient « tous ensemble enfilés en diverses liasses ». Mais en 1711 un des héritiers de Pascal eut la malencontreuse idée de coller tous ces fragments sur de larges feuilles de solide vélin, puis il les réunit en un registre broché qui ne fut relié que vingt ans plus tard. Aussi un certain nombre des notes autographes furent-elles interverties, voire perdues. D'héritage en héritage, le recueil échoua à la bibliothèque de Saint-Germain-des-Prés où en 1794 il échappa de justesse à l'incendie de cette église. Enfin il parvint en lieu sûr, à la Bibliothèque Royale (la Bibliothèque Nationale aujourd'hui).

Cependant les copies avaient-elles subi les mêmes avatars que le manuscrit ? Heureusement, elles étaient demeurées intactes. Comme elles sont à peu près identiques, on est convenu de les appeler la Copie. Celle-ci est formée d'une part de vingt-sept liasses classées selon un certain ordre que reproduit une table des matières, d'autre part de trente-trois ou trente-quatre liasses apparemment dans le plus grand désordre et comprenant, à côté de notes proprement apologétiques, bon nombre de fiches d'un tout autre propos : au total un millier environ de fragments plus ou moins élaborés.

D'où vient le classement des vingt-sept premières liasses ? C'est seulement en 1938 qu'un éditeur des *Pensées*, Zacharie Tourneur, supposa qu'il était dû, ainsi que le découpage en fiches, à Pascal lui-même, en vue de la conférence tenue à Port-Royal en 1658. Intuition que confirmèrent ensuite les savants travaux de Louis Lafuma.

LE PROBLÈME DES ÉDITIONS

Les remarques précédentes nous permettront maintenant de comprendre la diversité extrême des éditions des *Pensées* : plus de trente-cinq en trois cents ans, de 1662, date de la mort de Pascal, à nos jours. La première est celle de Port-Royal, prête à la fin de 1669, mise en vente au début de 1670. C'est elle qui donne à l'Apologie son titre : « Pensées de M. Pascal sur la religion et quelques autres sujets ». Pourquoi avoir attendu sept ans avant de la publier ? Raison de prudence : en 1661 les persécutions reprennent contre les jansénistes et ne s'apaiseront qu'en 1668. Mais prudence néfaste, car de crainte que certaines idées de Pascal ne paraissent révolutionnaires au pouvoir ou hérétiques à la Sorbonne et que son style primesautier et audacieux ne choque les puristes, théologiens et moralistes de Port-Royal, malgré la volonté formelle de la famille de l'écrivain, ménagent des coupures, remanient, édulcorent le manuscrit.

C'est dans cette édition bâtarde que les philosophes du XVIIIe siècle, dont Voltaire, lurent les *Pensées*. Mais en 1776 Condorcet en renouvela la présentation distinguant, non sans parti pris, le bon grain du mauvais, entendez les pensées philosophiques des pensées religieuses. Rien de bien nouveau ensuite jusqu'en 1842, date à laquelle Victor Cousin découvrit à la Bibliothèque Royale le manuscrit des *Pensées* et demanda à l'Académie française l'établissement d'une édition critique.

Ce fut alors une succession ininterrompue de travaux sur Pascal, car il s'agissait de résoudre une double difficulté. Premier problème : quel texte de base prendre pour l'étude des *Pensées* ? L'édition de Port-Royal étant définitivement discréditée, tantôt on partit du manuscrit (Éditions Faugère 1844, Havet 1852, Molinier 1877, Michaut 1896), mais on sait quelles altérations l'autographe avait subies. Tantôt (édition Chevalier 1925) on s'appuya sur le compte rendu de la conférence de Pascal par Filleau de la Chaise, mais, rédigée en partie de mémoire et publiée quatorze ans après l'événement, cette relation n'est pas moins sujette à caution. Tantôt enfin, avec les éditions plus récentes (Tourneur 1938, Lafuma 1951) on choisit la Copie, puisqu'il est assuré désormais que la première partie correspond au propre découpage et au propre classement de Pascal.

Dès lors on voit le second problème auquel se heurtait en même temps l'exégèse : comment fallait-il présenter la deuxième partie de la Copie, les fragments non classés ? Tourneur résolut de les publier tels quels, sous leur forme « disparate, décousue et incohérente », tenant pour « chimère et trahison » de procéder autrement. Mais d'autres éditeurs estiment au contraire qu'il nous importe moins de connaître l'état dans lequel Pascal nous a laissé ses papiers et la place des moindres détails que le mouvement d'ensemble et l'ordre profond de son argumentation. Aussi ont-ils inclus les fragments non classés parmi les autres.

Tel est en particulier le cas d'une édition qui a fait longtemps autorité : celle de Léon Brunschvicg. Elle distribue la totalité des notes apologétiques en quatorze chapitres qui, pour emprunter leurs titres à Pascal et former un ensemble logique, constituent néanmoins une reconstruction fort subjective des *Pensées*. C'est seulement depuis une trentaine d'années qu'une ingénieuse et patiente critique littéraire, dominée par les travaux de Louis Lafuma et Jean Mesnard, distingue objectivement les liasses sélectionnées par Pascal du reste de ses notes sur la religion. Toutefois on ne se dissimule pas, comme nous allons le voir, que ces dernières, pour la plupart, n'auraient pas été incorporées par l'écrivain à son œuvre. Aussi, bien que nous progressions sans cesse dans la connaissance de Pascal, toute reconstitution du plan des *Pensées* comportera toujours une part de conjecture.

UN ENSEMBLE DISPARATE

Quelque soin qu'on apporte à retrouver le fil de l'argumentation pascalienne, le manuscrit et la Copie nous laissent devant un ensemble de notes diverses et inégales.

Du point de vue de la forme, à côté de véritables pages d'anthologie comme les Deux infinis, le Divertissement, les Trois ordres, nous trouvons des passages moins achevés, tel le Pari dont certains points demeurent obscurs, et même de simples indications mnémotechniques, des questions laissées en suspens, pierres d'attente de l'architecte ou ébauches du sculpteur.

Du point de vue du fond il convient de distinguer :

1. Les pensées classées par Pascal, ce sont les vingt-sept liasses de la Copie.
2. Les pensées non classées : les unes d'un caractère nettement apologétique, les autres simples considérations sur l'art de persuader et d'écrire, que Pascal n'aurait peut-être pas utilisées.
3. Deux fragments très importants : le Mémorial et le Mystère de Jésus, mais qui ne se trouvent ni dans le manuscrit ni dans la Copie et que par conséquent la plupart des éditeurs ont ajoutés aux *Pensées*. Le Mémorial relate une expérience mystique survenue durant la nuit du 23 novembre 1654, dont Pascal voulut garder intact le souvenir en l'écrivant aussitôt sur une feuille de papier qu'il fit coudre dans la doublure de son vêtement, mais qu'il ne révéla jamais même à ses proches. Le Mystère de Jésus semble un écho du Mémorial, composé lors d'une retraite qu'effectua Pascal en 1655 à Port-Royal peu après le précédent événement. Mais la famille de Pascal ne communiqua pas ce texte aux copistes. C'est seulement en 1844 qu'il fut retrouvé par Faugère dans les papiers de l'écrivain et édité avec les *Pensées*.

Pourquoi ce double secret ? C'est qu'il s'agit d'expériences toutes personnelles et de témoignages intimes dont on peut être certain cette fois que Pascal n'aurait jamais consenti à les publier.

LES « PENSÉES »
ET LA LITTÉRATURE CONFIDENTIELLE

Ainsi se trouve posée la question de savoir dans quelle mesure les *Pensées* sont un document autobiographique.

On rencontre chez Pascal des confidences, des prières et un emploi fréquent du « je ». Ainsi même au cours du dialogue avec l'incroyant, le sentiment s'épanche : « En voyant l'aveuglement de l'homme (...) j'entre en effroi, et sur cela j'admire comment on n'entre point en désespoir d'un si misérable état (...) Pour moi, je n'ai pu y prendre attache et j'ai recherché si Dieu n'aurait point laissé quelque marque de soi » (693). Qui parle ici ? Sinon Pascal lui-même.

En revanche, prenons garde que la première personne est fréquemment réservée aussi à l'incroyant : « Je vois ces effroyables espaces (...) et de tout cela je conclus que je dois donc passer tous les jours de ma vie sans songer à ce qui doit m'arriver (...) Qui songerait d'avoir pour ami un homme qui discourt de cette manière ! » (194). Pascal, cette fois, tente de comprendre le libertin, de se mettre à sa place, il lui donne la parole et c'est ce dernier qu'au début de cette citation nous entendons parler. N'oublions pas non plus que les confidences chez Pascal sont rares. Quoi d'étonnant, puisqu'il cherche non à donner prise sur lui-même, mais à convaincre et à dominer son interlocuteur, et puisque le moi, souvent suspect d'égoïsme, lui paraît « haïssable ». Ces confidences d'ailleurs nous révèlent seulement certains sentiments de Pascal, non la totalité de son caractère et ne nous apportent aucun détail précis sur sa vie.

En somme les *Pensées* vibrent souvent d'un accent personnel, mais celui-ci à coup sûr serait moins perceptible si Pascal avait pu mettre la dernière main à son œuvre. Son goût classique le portait à l'étude de la nature humaine bien plus qu'à celle d'une personnalité individuelle et à une pudique réserve plutôt qu'aux mémoires et aux confessions.

LES VINGT-SEPT LIASSES DE PASCAL

On ne peut plus désormais parler des *Pensées* sans se référer au classement effectué par Pascal.

La table des matières établie par Pascal se présente, comme suit, en deux colonnes :

1. Ordre
2. Vanité
3. Misère
4. Ennui
5. Raisons des effets
6. Grandeur
7. Contrariétés
8. Divertissement
9. Philosophes
10. Le Souverain Bien

11. P. R. (à Port Royal?)
12. Commencement
13. Soumission et usage de la Raison
14. Excellence
15. Transition
15 bis. La nature est corrompue (titre seul, sans notes de Pascal)
16. Fausseté des autres religions
17. Religion aimable
18. Fondement
19. Loi figurative
20. Rabbinage
21. Perpétuité
22. Preuves de Moïse
23. Preuves de Jésus-Christ
24. Prophéties
25. Figures
26. Morale Chrétienne
27. Conclusion

Un résumé extrêmement succinct des vingt-sept liasses risque évidemment de masquer la variété et la profondeur de son apologétique. Cette question sera donc reprise dans un chapitre consacré à l'art de persuader.

Telle est l'esquisse due à Pascal lui-même - et l'on ne voit pas pourquoi il s'en serait plus tard sensiblement écarté - qui se substitue à nos constructions hypothétiques et sert aujourd'hui de base à toute étude sérieuse des *Pensées*.

Et si Pascal avait achevé l'Apologie?... Ne nous aurait-il donné, comme le pense Sartre, qu'un catéchisme pédant? Mais comment croire que l'auteur des *Provinciales*, qui avait su intéresser un large public à des questions singulièrement abstraites et complexes, ne se fût retrouvé dans l'auteur des *Pensées*! Ce qui est sûr, c'est que Pascal aurait supprimé quelques longueurs ou certaines obscurités pour atteindre à une concision et à une précision toutes classiques. Mais sa discrétion l'aurait retenu de nous livrer certains cris de l'âme. Inachevées, les *Pensées* ont probablement moins de vigueur logique, mais elles sont plus émouvantes.

Genèse des « Pensées » $\boxed{3}$

Jusqu'ici nous n'avons relaté que l'histoire extérieure des *Pensées*. Il ne suffit pas en effet de dire qu'en les écrivant Pascal a voulu se faire le champion du christianisme pour exprimer à Dieu sa reconnaissance après la guérison miraculeuse de sa nièce. Cette occasion il ne l'a saisie que parce qu'elle répondait à ses tendances profondes et à ses idées maîtresses. Aussi les *Pensées* ne sont-elles pas le fruit de la seule expérience religieuse de Pascal, mais également celui de son expérience mondaine et de son expérience scientifique. Expériences non pas successives et divergentes comme on l'a cru parfois, mais simultanées et complémentaires.

CARACTÈRE DE PASCAL

Tout dépend d'abord de la personnalité de l'homme. La caractérologie [1] voit en Pascal le type du « passionné, émotif, actif, secondaire ».

Par son émotivité, c'est-à-dire son aptitude à recevoir et à donner, c'est « un avide au cœur tendre ». Non point, puisqu'il est actif, désireux de goûter, de savourer, à la façon d'un Montaigne, d'un Rousseau, d'un Gide qui se complaisent à s'analyser, ou à se réfugier dans la rêverie sentimentale ; mais désireux de connaître et de comprendre. D'où le goût de Pascal pour les raisons solides fondées sur des faits ou des démonstrations rigoureuses, et son besoin de croire pour comprendre [2] plus encore, peut-être, que de comprendre pour croire. Mais cette avidité ne va pas sans tendresse : affection pour les siens pudiquement dissimulée sous des dehors un peu froids, amour des pauvres, sentiment de sa propre faiblesse qui cherche un appui du côté de Dieu.

1. Lucien Jerphagnon (bibliographie).
2. Cf. la devise de saint Augustin : Credo et intellegam.

Par son activité, Pascal est « un Mars ». Entreprenant, toujours sur la brèche, il ne confond pas action avec agitation, mais progresse méthodiquement, au besoin sur plusieurs fronts à la fois : la science, la vie mondaine, la controverse religieuse. En outre, tempérament dominateur, il traite l'interlocuteur en adversaire, veut convaincre et vaincre. Comme *Les provinciales*, les *Pensées* seront une œuvre de polémique.

Quant à la secondarité de Pascal, entendons ses réactions intellectuelles et sentimentales, elle s'avère profonde et large. Profonde, car il est l'homme des brusques émois : « il s'étonne », « il s'effraie », et des longs retentissements : il attache en effet une grande importance à l'habitude et à la tradition. Large, car il est l'homme des vues d'ensemble et des synthèses.

LE SAVANT

C'est d'abord dans le domaine scientifique que se révèle, avec la précocité que l'on sait, le génie de Pascal. Cependant jusqu'à ses derniers jours l'auteur des *Pensées* ne cessera de s'affirmer comme un des tout premiers géomètres, physiciens et ingénieurs de son temps. Sans doute une lettre adressée au mathématicien Fermat, en août 1660, déclare-t-elle : « Je connais la géométrie pour si inutile que je fais peu de différences entre un homme qui n'est que géomètre et un habile artisan », mais le reniement n'était pas complet. Il n'est pas question de rappeler ici toutes les découvertes ou inventions de Pascal, mais de dégager les leçons que le penseur ne manqua point d'en tirer. Cette philosophie scientifique s'exprime dans un certain nombre de préfaces ou d'opuscules : *Essai sur les coniques* (1639-40), *Traité sur le vide* (1647), *Lettre dédicatoire de la machine à calculer à la reine Christine* (1652), *Traité du triangle arithmétique* (1654) et surtout l'étude intitulée *De l'esprit géométrique* (1656-58), toutes œuvres antérieures aux *Pensées*.

• La science n'est pas exhaustive

En premier lieu Pascal s'efforce de déterminer l'usage exact de la raison au niveau de la science. Il constate que le savant lui-même, pourtant si désireux de comprendre et d'expliquer, aboutit souvent à l'incompréhensible, voire à l'irrationnel.

Ainsi le physicien établit de façon certaine que la partie supérieure du baromètre, au-dessus de la colonne de mercure, ne contient que du vide, mais il ignore la nature de ce vide. Le cas de l'infini physique, mathématique et logique est encore plus probant : nous admettons l'existence d'espaces et d'objets de plus en plus grands ou de plus en plus petits, car notre corps participe de l'étendue; mais c'est une étendue limitée, aussi demeurons-nous incapables de concevoir l'infinitude de la grandeur ou de la petitesse. De même, il nous est toujours possible d'ajouter une unité à une unité, néanmoins l'infini numérique nous échappe, car contrairement à tout autre nombre, nous ne pouvons dire de lui s'il est pair ou impair. Ajoutons que le raisonnement scientifique repose sur des principes qui dépendent eux-mêmes de postulats (ex. : l'espace, le temps, le point, la ligne) par définition indémontrables. Enfin le progrès des sciences, s'il paraît illimité, prouve par là même qu'il n'a rien d'exhaustif, que notre savoir ne sera jamais total.

- *Primauté de l'expérience*

Ainsi tout ce qui existe n'est pas toujours compréhensible, mais inversement tout ce qui est incompréhensible ne laisse pas toujours d'exister.

Pour reprendre l'exemple du baromètre, l'existence du vide paraît théoriquement inconcevable : aussi disait-on que la nature a horreur du vide, avant l'expérience de Torricelli. Mais dans la pratique il est tout aussi inconcevable que le vide n'existe pas, sinon les données de cette expérience demeurent inexplicables. Et Pascal de conclure que le simple concept, la raison raisonnante, doit s'incliner devant la « raison des effets » (315), la réalité soumise à la méthode expérimentale.

- *Entre les deux infinis*

Cependant ses réflexions sur l'infini conduisent Pascal à une nouvelle constatation : la double infinité de la nature. Tout nombre, tout espace, tout temps, tout mouvement, si grand qu'il soit, n'atteindra jamais par addition ou multiplication à l'infiniment grand, et, si petit qu'il soit, ne se réduira jamais par soustraction ou division à l'infiniment petit. Il constitue un milieu entre ces deux extrémités. Or l'homme participe à la fois de l'étendue, de la durée et du mouvement : il est donc lui aussi comme perdu entre deux infinis : « Sur quoi on peut apprendre à s'estimer à son juste prix » *(De l'esprit géométrique)*. Vue prophétique que le perfectionnement de la lunette de Galilée, récemment inventée, et celui du microscope, dont Pascal a connu tout au plus les premiers modèles fort rudimentaires, ne cessera de confirmer.

• Différences d'ordre

Enfin, dernière leçon : « On n'augmente pas une grandeur continue d'un certain ordre, lorsqu'on lui ajoute en tel nombre que l'on voudra des grandeurs d'infinitude inférieure », remarque Pascal dans le *Traité du triangle arithmétique*. Les points n'ajoutent rien aux lignes, ni les lignes aux surfaces, ni les surfaces aux volumes. Ce principe d'incommensurabilité, d'hétérogénéité se retrouve dans toute la nature : les choses ou les corps, les esprits, les âmes se situent chacun à des niveaux différents.

Or une telle discontinuité nous donne la clef de bien des énigmes, de ce que Pascal appelle des « contrariétés ». Comment concilier par exemple la grandeur de l'homme affirmée par les stoïciens avec sa misère dénoncée par les sceptiques (cf. *Entretien sur Épictète et Montaigne* - 1655)? L'infaillibilité de la grâce et la liberté humaine? L'immanence et la transcendance de Dieu? Problème insoluble si la thèse et l'antithèse sont de même nature, donc s'annulent. Tel sera le point de vue de l'idéalisme kantien qui en fait de simples créations de l'esprit. Mais pour Pascal elles relèvent de l'expérience et appartiennent à des ordres différents, aussi peuvent-elles se compléter dans une vérité totale. Stoïciens et sceptiques n'ont donc perçu qu'un aspect de cette vérité. Effectivement il y a dans l'homme grandeur et misère, mais elles dépendent l'une de l'autre et doivent trouver leur justification dans une réalité supérieure.

LE MONDAIN

Aussi précoce que l'expérience scientifique de Pascal et souvent parallèle commence son expérience mondaine. C'est en effet en 1631 - Blaise n'a que sept ans - que son père renonce à la vie austère de Clermont pour s'établir à Paris dans l'aristocratique faubourg Saint-Germain. La famille, issue mi de la petite noblesse provinciale, mi de la bourgeoisie de robe anoblie, acquiert quelque notoriété par la fondation d'une Académie où Étienne Pascal entretenait des relations intellectuelles avec les meilleurs savants de l'époque. Aussi voit-elle s'ouvrir sans peine certains salons, celui de Mme Sainctot, celui surtout de Mme de Sablé d'abord fort brillant et fort précieux, plus grave ensuite lorsque son animatrice sera gagnée par la piété janséniste. Les Pascal se lient en outre avec les Roannez et avec la duchesse d'Aiguillon, nièce de Richelieu, qui introduira Jacqueline Pascal à la cour d'Anne d'Autriche, à Saint-Germain. Bref, en 1639, lorsque cette relation vaudra à Étienne Pascal d'être envoyé par le cardinal à Rouen, en qualité de commissaire aux impôts, le futur auteur des *Pensées* aura déjà acquis une profonde connaissance du monde.

Si le séjour normand (1639-1647) fut surtout consacré à la recherche scientifique, Pascal s'y adonna avec tant d'ardeur que, surmené, il reçut des médecins le conseil de regagner Paris pour s'y soigner plus efficacement et y trouver des distractions. De vingt-cinq à trente et un ans, Pascal connut alors, si l'on ose dire, la période la plus profane de sa vie. Il n'a rien d'un bon vivant en effet, à plus forte raison d'un débauché, et continue à pratiquer scrupuleusement sa religion. Mais il goûte dans la vie mondaine les plaisirs de l'esprit et la fréquentation d'une élite dont l'aristocratie de la naissance lui importe moins que celle de l'intelligence et du cœur. Aussi restera-t-il jusqu'à ses derniers jours un ami fidèle et assidu auprès du duc de Roannez et de la marquise de Sablé. Ce qui attire aussi Pascal, il faut le reconnaître, c'est la possibilité de briller dans une société où il affirme aisément la supériorité de son génie. Sa réputation de géomètre et de physicien fait de lui un conférencier à la mode, lui donne accès au Louvre, à la cour « dont, au témoignage de sa sœur Gilberte, il prit d'abord l'air et les maximes avec autant d'agrément que s'il y eût été nourri toute sa vie ». Des bruits moins sûrs, mais qui semblent correspondre au moins à des velléités, nous montrent encore Pascal « continuellement auprès d'une belle savante » à l'occasion d'un voyage en Auvergne, puis songeant à épouser un parti avantageux. Ambition, vanité, orgueil du monde! Même après la crise mystique de 1654 Pascal ne s'en délivrera pas totalement. On sait quel succès de scandale il s'est taillé avec *Les provinciales* (1656-57). Non moins significatif est le problème de la cycloïde qu'en 1658, Pascal, sous un pseudonyme, pose à tous les mathématiciens d'Europe, pour s'accorder le plaisir de réfuter les réponses erronées, puis de révéler triomphalement la solution qu'il avait déjà trouvée. Pascal ne s'est donc pas contenté de fréquenter la société mondaine, il en a adopté l'esprit, avec les qualités et les défauts que celui-ci comporte. Du moins était-il trop lucide pour n'en point tirer la leçon.

● *L'honnête homme*

Pour Pascal l'expérience du monde fut certainement d'abord positive : il découvrait « l'honnêteté ». Le temps n'était plus à l'humanisme de la Renaissance, encyclopédique et féru de culture gréco-latine. De plus en plus celle-ci devenait un simple ornement. Aussi le nouvel idéal est-il sans doute moins intellectuel que moral. Sous Richelieu, dans les salons aristocratiques, celui de Mme de Sablé, celui de Mme de Rambouillet, alors à son apogée entre 1620 et 1640, il apparaît d'abord teinté d'héroïsme chevaleresque et romanesque. On prône le courage, l'aisance, l'élégance et la politesse, la finesse et l'ingéniosité dans les débats du cœur. Puis sous Mazarin, dans les salons plus bourgeois comme celui de Mlle de Scudéry, et tel que le définira dans son *Discours de la vraie honnêteté* le chevalier de Méré, dont Pascal fait précisément la connaissance vers 1653, l'honnête homme, tout en gardant ses précédentes qualités, y ajoute plus de gravité : il s'oriente vers des préoccupations éthiques, philosophiques, politiques, et manifeste un sens exquis de la mesure. Brave sans forfanterie, bien mis sans coquetterie, courtois sans préciosité, cultivé sans pédantisme, il séduit Pascal. Aussi l'universalité, la distinction et la discrétion dont les *Pensées* demanderont à l'écrivain de faire preuve viennent-elles directement de l'honnête homme. Surtout l'homme du monde paraît posséder une connaissance qui manque à l'homme de science, celle du cœur humain : « La science des choses extérieures ne me consolera pas de l'ignorance de la morale au temps d'affliction. Mais la science des mœurs me consolera toujours de l'ignorance des choses extérieures » (67). Or si l'honnête homme possède la science la plus utile, n'est-ce pas qu'il use aussi de la méthode la plus efficace ? Sur le plan humain en effet intuition vaut mieux que démonstration. Ce qui importe, écrivait Méré à Pascal, ce ne sont pas « de longs raisonnements tirés de ligne en ligne », mais d'avoir « l'esprit vif et les yeux fins ». On reconnaît ici la célèbre distinction qu'établiront les *Pensées* entre l'esprit de géométrie et l'esprit de finesse. Pascal n'en est pas l'inventeur, Méré non plus d'ailleurs : l'idée était dans l'air. Il reste que Pascal lui a donné son expression la plus nette et la plus rigoureuse.

• Grandeurs d'établissement

Si Pascal fait l'éloge de l'honnête homme, c'est au nom de cette même honnêteté, à ses yeux véritable code de l'honneur mondain, qu'inversement il condamne certaines défaillances. La vie mondaine en effet, non contente de favoriser une vaine frivolité, met la force au service de l'injustice. Ces grands seigneurs que Pascal côtoyait, souvent imbus du sentiment de leur supériorité, traitaient avec hauteur et rudesse tous ceux qu'ils tenaient pour moins biens nés. Des princes qui devaient leur couronne à une monarchie héréditaire bien plus qu'à leurs mérites personnels engageaient dans des guerres incessantes la vie de milliers d'hommes pour la seule satisfaction de leur ambition personnelle. Aussi la valeur de tels personnages est-elle sujette à caution. Certes leur grandeur est « d'établissement » : il faut respecter non seulement la tradition, facteur d'ordre et de paix, qui les a mis à leur place, mais encore la volonté de Dieu qui, en imposant parfois aux peuples de médiocres gouvernants, veut exercer notre patience. Néanmoins, cette grandeur n'est pas « naturelle », ne repose pas « sur les qualités réelles et effectives de l'âme et du corps ». Or seules les grandeurs naturelles ont droit à des « respects naturels » : l'estime, le dévouement. Aux grandeurs d'établissement ne répondent que des « respects d'établissement », conventionnels et de surface : « Si vous étiez duc, sans être honnête homme (...), en vous rendant les honneurs que l'ordre des hommes a attachés à votre naissance, je ne manquerais pas d'avoir pour vous le mépris intérieur que mériterait la bassesse de votre esprit. » Réquisitoire audacieux pour l'époque ! Il fait partie des *Trois discours sur la condition des grands* composés par Pascal en 1660 à l'intention du jeune duc de Chevreuse. On en retrouvera l'écho au chapitre cinq des *Pensées*.

• Les libertins

Cependant plus que l'honnêteté, plus que les grandeurs d'établissement, le libertinage que Pascal rencontra dans la société mondaine joua un rôle décisif dans la rédaction de l'Apologie.

Au XVIIᵉ siècle le libertin désigne simplement l'incroyant, toujours affranchi des dogmes religieux, mais plus rarement des règles morales. Néanmoins la réalité est autrement complexe, car l'incrédulité se présente sous des aspects sensiblement différents.

Distinguons d'abord le libertin superficiel. C'est tantôt celui qui ne se pose aucun problème métaphysique : défaut sans doute d'intelligence et de sensibilité, aussi ce cas est-il fort rare. Tantôt celui qui se détourne de la religion « de peur qu'elle soit vraie » (187), du moins telle qu'il l'imagine, réduite à des interdits et à des menaces qu'il tente d'oublier dans les divertissements. Tantôt enfin « l'esprit fort » qui « fait le brave » (194) devant Dieu. Point d'autre motif ici que le désir d'une vie libre et joyeuse, mais affirmé de façon provocante par la débauche, voire un peu plus discrètement, par des attitudes sacrilèges. C'est ainsi qu'à la mort de l'austère et sévère cardinal de Richelieu, la licence de la jeunesse dorée de l'époque, le prince de Condé en tête, ne connut plus de bornes. Exemple encore vivant, vingt ans plus tard, quand Molière fera de son Dom Juan le type du « grand seigneur méchant homme ».

A l'opposé, le libertin profond. Il a aussi ses variétés : l'agnostique qui voudrait adhérer à la foi, mais n'y parvient pas; l'esprit réfléchi, qui, après l'avoir passée au crible, la rejette tranquillement sans inquiétude personnelle ni mépris pour ceux qui continuent de croire; l'athée enfin qui tient la religion pour une erreur et entreprend de la combattre.

A vrai dire cet athéisme militant rallie peu de partisans au début du XVIIᵉ siècle et doit s'exprimer à mots couverts, car le temps n'est pas si loin où fumaient encore les bûchers de l'Inquisition. Il se peut aussi que deux autres formes de l'incroyance aient été peu connues ou encore inconnues du vivant de Pascal. D'une part l'antithéisme, sorte de foi à rebours, qui se révolte non pas contre l'idée de Dieu tenue pour une illusion, mais contre Dieu lui-même considéré comme un être réel, mais foncièrement mauvais. Et d'autre part l'absolu du désespoir qui trouve un apaisement dans la certitude du néant après la mort et le préfère à l'incertitude angoissante de la damnation ou du salut.

Quoi qu'il en soit, le libertinage profond a ses raisons qu'il emprunte à une philosophie sceptique, matérialiste ou épicurienne. Le scepticisme apparaît parmi ces intellectuels, authentiques savants ou hommes de lettres, juristes, ecclésiastiques qui se piquent de science et fréquentent des Académies comme celles d'Étienne Pascal ou du Père Mersenne. Sans doute ces érudits sont-ils pour la plupart des humanistes modérés et des chrétiens sincères, mais leur tolérance à l'égard des opinions les plus diverses, leur suspicion envers les postulats métaphysiques, leur confiance dans les données de l'expérience développent en eux, notamment chez un Gassendi — tout prêtre qu'il est -, un La Mothe Le Vayer, un Gabriel Naudé, le goût du plus strict positivisme. Seuls comptent les faits visibles, tangibles, surtout s'ils sont soumis aux lois scientifiques - aussi doit-on d'abord récuser l'exceptionnel, le surnaturel, les miracles. D'autre part, l'histoire, la géographie, les voyages confirment de plus en plus et les vues de Machiavel : la morale est manifestement subordonnée à la politique, et les vues de Montaigne : nos opinions philosophiques et religieuses, les civilisations mêmes sont changeantes et éphémères. Dès lors comment continuer à admettre une essence de l'homme fondée sur la raison ?

Si le scepticisme met ainsi en doute l'existence de Dieu et l'immortalité de l'âme, le matérialisme va plus loin : il les nie. Bien avant Diderot, mais après le naturalisme italien exprimé à la fin de la Renaissance et au début du XVIIe siècle par un Vanini, un Giordano Bruno, Théophile de Viau et Cyrano de Bergerac soutiennent un panthéisme purement mécanique. La matière est infinie comme le prouve la pluralité des mondes toujours plus grands les uns que les autres, découverte par Copernic et Galilée. Loin de nous en effrayer, nous devons y admirer la prodigieuse puissance de la nature.

La matière est en outre éternelle. Capacité spontanée de création et d'organisation, elle donne lieu à d'innombrables essais d'où résultent, uniquement par hasard, certaines combinaisons viables qui évoluent, progressent même du minéral au végétal, du végétal à l'animal, de l'animal à l'homme. Mais ces combinaisons et cette évolution auxquelles ne préside aucune intention providentielle sont forcément éphémères. La mort et la naissance ne sont donc que des accidents, mais, ce qui doit encore nous rassurer, purement naturels. Enfin sur le plan moral, le libertinage philosophique est favorable à l'épicurisme. Épicurisme à l'antique, chez Gassendi qui recommande la modération dans les plaisirs dont les plus nobles sont l'amitié et la paix intérieure, fruit de la liberté de l'âme. Épicurisme moins spiritualiste, déjà précurseur du XVIIIᵉ siècle, chez un Saint-Évremond qui encourage une vie ardente et constructive, une ambition à notre mesure, et surtout la recherche permanente de la volupté.

Quelle est vis-à-vis des libertins l'attitude de Pascal ? Si, avant les *Pensées*, l'*Entretien avec M. de Saci sur Épictète et Montaigne* fait allusion à l'épicurisme et au scepticisme, en revanche on ne trouve dans son œuvre aucune réfutation méthodique du panthéisme. Rien ne prouve d'ailleurs que le fameux passage sur l'infiniment grand (cf. 72) adopte la conception copernicienne de l'univers. Pascal aurait-il donc ignoré les arguments du matérialisme ou du moins les aurait-il tenus pour négligeables ? Hypothèse peu probable à propos d'un homme si averti de l'actualité scientifique. Il semble plutôt que Pascal ait refusé de se placer sur le terrain d'un adversaire purement rationaliste, car à ses yeux la foi ne saurait procéder uniquement de la raison. Nulle aversion cependant à l'égard du libertin : « Athéisme marque de force d'esprit, mais jusqu'à un certain degré seulement » (225). La grandeur de l'athéisme, c'est en effet, Pascal le reconnaît, de refuser la superstition, de ne vouloir appuyer notre créance que sur « des discours solides ». La foi d'ailleurs est une quête singulièrement difficile : Pascal ne l'ignore pas non plus, qui n'a que sympathie pour « ceux qui cherchent en gémissant » (194). Mais la faiblesse de l'athéisme, selon lui, c'est d'éluder le problème de l'au-delà. « Cette négligence (...) m'irrite plus qu'elle ne m'attendrit, elle m'étonne et m'épou-

vante » (194). Elle irrite Pascal, parce qu'elle lui paraît
« déraisonnable », « opposée à l'honnêteté », en contradiction
absolue avec l'attitude ordinaire de cette élite intellectuelle
tant admirée dans la société mondaine. Elle épouvante Pascal,
parce qu'il a plus que de l'estime, une véritable affection
pour ces Méré et ces Roannez qui risquent de se perdre.
« Il faut avoir pour eux toute la charité de la religion qu'ils
méprisent pour ne pas les mépriser : il faut les appeler à
faire au moins quelques pas pour tenter s'ils ne trouveront
pas les lumières » (194). Les *Pensées* sont nées moins du
désir de convaincre le libertin de son erreur, que de celui
de le sauver.

LE CHRÉTIEN

Nous touchons maintenant à l'expérience religieuse de Pascal.
Il convient de terminer par elle, d'abord parce que de 1654
à 1662 elle prit de plus en plus le pas sur l'activité scientifique et les préoccupations mondaines, ensuite parce que
toute la vie de Pascal est dominée par la méditation et l'action
spirituelles.

Dès son enfance en effet il fut initié au christianisme par
son père, catholique convaincu. Puis vinrent, sur le plan
intellectuel, la découverte du jansénisme et la fréquentation
de Port-Royal, l'illumination du 23 novembre 1654 et le
miracle de la Sainte épine, la conversion du duc de Roannez
et l'ardente controverse des *Provinciales*. Et sur le plan moral,
l'acceptation d'incessantes maladies, le renoncement aux
biens matériels, le service des pauvres.

Aussi n'est-il pas étonnant que les thèmes proprement
religieux des *Pensées* aient été tantôt esquissés, tantôt développés dans des écrits, souvent bien antérieurs. C'est la
double opposition de la raison et de la foi, du progrès de
la science et de l'immuabilité de l'Écriture dans la préface
du *Traité du vide* (1647); la théorie des « figuratifs » des
« choses corporelles images des spirituelles », dans une lettre
adressée à Gilberte en 1648; « les contrariétés », misère et
grandeur de l'homme, dans l'*Entretien avec M. de Saci*
(1655); « le Dieu caché » dans les conseils adressés à
Mlle de Roannez (1657); la nature de la croyance, fille à

la fois de « l'entendement » et de la volonté dans le *Traité de l'esprit géométrique* (1657-58); enfin le problème du salut dans les XVIIᵉ et XVIIIᵉ *Provinciales* (janvier et mars 1657), puis dans les *Écrits sur la grâce* (1659).

• *Controverses théologiques*

Cette question de la grâce commande toute la pensée religieuse de Pascal. Efforçons-nous d'abord de l'éclaircir.

Que la grâce soit une sollicitation de l'amour divin, tous les théologiens en conviennent. Mais cet appel de Dieu s'adresse-t-il à tous les hommes ou à certains seulement ? Est-il permanent ou temporaire ? L'homme peut-il le refuser ? Et, s'il est irrésistible, peut-on encore parler d'une liberté humaine ? Autant de problèmes où apparaissent distinctions et désaccords. - A vrai dire, la querelle n'est pas nouvelle : déjà au Vᵉ siècle, elle avait opposé Augustin, champion de Dieu, à Pélage, champion de l'homme - mais voici que l'idéal optimiste de la Renaissance va ranimer le débat entre théocentrisme et anthropocentrisme. Il n'est que de suivre ici le cours de l'histoire.

- *Le calvinisme*

Au début du XVIᵉ siècle, Luther, puis surtout Calvin, insistent sur la transcendance de Dieu. Éternel et omniscient, Dieu ne se contente pas de connaître notre avenir, car on peut prévoir le futur, mais être impuissant devant lui, Dieu en décide : c'est la prédestination. Dieu donc désigne depuis toujours, avant même leur naissance, ceux d'entre nous qui seront sauvés et ceux qui seront damnés. Et pour justifier un tel dessein, Calvin déclare que Dieu provoque le péché d'Adam, lequel sera justement puni, et suscite le sacrifice du Christ, qui obtiendra à un petit nombre d' « élus » la miséricorde divine. Dans cette perspective l'accent est mis sur la toute-puissance de Dieu, mais au détriment de sa bonté, car, autant qu'au bien, il prédestine au mal. Quant à l'homme, dont la nature est totalement corrompue par la faute d'Adam, il n'a aucune liberté et aucun mérite.

- Le molinisme

La sévérité du protestantisme déclenche alors, au milieu du XVIe siècle, la Contre-Réforme catholique (création de l'ordre des Jésuites, Concile de Trente) qui, tenant compte du réveil de l'humanisme, va tenter, sur le plan théologique, d'harmoniser les droits de la créature avec ceux du Créateur. Vers 1580, un jésuite espagnol, Molina, soutient que Dieu sollicite tous les hommes : « grâce suffisante », qu'ils ont la liberté, dite « pouvoir prochain », d'accepter ou de refuser. S'ils écoutent l'appel divin, la grâce devient « efficace », se fait acte qui les guide infailliblement vers le bien et le salut.

Dans cette perspective la nature humaine n'est pas totalement corrompue, puisqu'elle garde une partie de son « libre arbitre ». Et Dieu manifeste à la fois sa bonté en offrant la grâce à tous les hommes et sa justice en n'accordant le salut qu'à ceux qui l'ont mérité par leurs vertus.

Malheureusement il ne s'agit que d'un faux-semblant.

En effet la doctrine moliniste replace chacun d'entre nous dans la situation du premier homme : devant un choix entre le bien et le mal, de sorte que tout se passe comme si la mort du Christ et les grâces nouvelles apportées à l'humanité par son sacrifice n'avaient jamais existé.

De son côté, Dieu n'étant là que pour tirer les conséquences de l'obéissance ou de la désobéissance des fils d'Adam, n'est-ce pas l'homme en fin de compte qui décide lui-même de son destin ? Ainsi, en voulant réhabiliter la créature, Molina discréditait Dieu et retombait dans l'hérésie pélagienne.

- Du jansénisme à l'augustinisme

Ainsi, deux nouveautés théologiques, deux erreurs ! Où donc était la vérité ? Mais tout simplement dans la tradition des Pères de l'Église : Saint Thomas (XIIIe s.) et surtout son maître Saint Augustin (IVe/Ve s.), le grand docteur de la grâce. Aussi un théologien de Louvain, Jansénius, entreprit-il de recueillir, d'ordonner et de commenter, à travers l'immense œuvre magistrale, tous les passages concernant la grâce.

D'où l'*Augustinus*, savant et copieux ouvrage, paru en 1640, mais dont le succès atteste l'opportunité.

Quelle était donc au juste la doctrine augustinienne ? On peut dire qu'elle réfutait d'avance aussi bien l'hérésie calviniste que l'hérésie moliniste.

D'une part, en effet, Saint Augustin affirme que la nature humaine n'est pas totalement corrompue par le péché originel, mais conserve un libre arbitre, plus faible cependant que ne le croyaient les molinistes. Il admet également la prédestination, mais seulement en vue du bien : Dieu ne pouvant en aucune façon être l'auteur du mal. Voilà qui va contre Calvin.

D'autre part, selon Saint Augustin, la grâce est « gratuite » et immédiatement « efficace ». « Gratuite » signifie que Dieu tient compte sans nul doute des mérites que nous valent nos bonnes actions qu'il prévoit depuis toujours (en ce sens la grâce est post praevisa merita), mais que Dieu néanmoins n'attend pas la manifestation de nos vertus pour nous accorder sa grâce, sans quoi il dépendrait de l'homme. La grâce existe de toute éternité (ante praevisa merita), elle est antérieure à nos mérites, car elle ne dépend que des mérites que nous a valus le sacrifice du Christ.

Autrement dit, Dieu demeure la cause première du salut, l'homme n'étant que cause seconde. Tout bien, toute vertu : foi, espérance, charité, émanent d'abord de Dieu. Aussi la grâce est-elle donnée par Dieu quand il le veut, où il veut, à qui il veut : elle peut fondre sur l'adversaire le plus irréductible, témoin la conversion de Saint Paul, comme elle peut être enlevée au « juste », témoin le reniement de Saint Pierre, soit provisoirement, soit définitivement.

Bref, nul ne peut se tenir d'avance pour sauvé, mais nul non plus ne peut se tenir pour damné.

Et la grâce est également « efficace » en ce sens que notre libre arbitre, de par sa faiblesse, ne peut opposer au bien, comme au mal, qu'une brève résistance : si Dieu entreprend de nous sauver, sa volonté est irrésistible. Mais alors où est l'autonomie de l'homme ? Non pas dans le choix entre deux partis opposés, mais dans l'acquiescement joyeux à la notion divine qui agit sans violenter notre conscience. Cette joie, bien plus profonde que le plaisir morbide du péché, c'est la delectatio victrix, la délectation victorieuse que décrira Pascal dans la XVIIIe *Provinciale* : « Trouvant sa plus grande joie dans le Dieu qui le charme, l'homme s'y porte infailliblement de lui-même, par un mouvement tout libre, tout volontaire, tout amoureux, puisque la volonté ne se porte jamais qu'à ce qui lui plaît le plus. »

Voilà qui va contre Molina - ou plutôt voilà vraiment conciliés d'avance par Saint Augustin la toute-puissance et la bonté de Dieu, le théocentrisme et la liberté humaine.

• *Une morale exigeante*

De la théologie augustinienne découlait une morale. L'abbé de Saint-Cyran, précisément ami de Jansénius, s'en fit le principal défenseur. Se détourner des objets sensibles vers lesquels nous attire notre nature à demi corrompue ; dépouiller de toute sentimentalité notre amour de Dieu, répondre à l'appel intérieur, « la vocation », adressée à chacun d'entre nous et qui nous invite à témoigner de notre foi selon les voies qui nous sont propres ; et pour y parvenir nous soumettre à l'enseignement de l'Église et aux conseils d'un directeur de conscience, tels étaient les principaux articles de la spiritualité janséniste. Épris d'absolu, inquiet d'une continuelle perfection, Pascal fut attiré par cette spiritualité toute de conversion et de renoncement. Aussi fustigera-t-il dans *les Provinciales* non seulement la grâce « suffisante » des Jésuites incapable de suffire à notre salut, mais aussi le laxisme d'une casuistique qui proposait moins un maximum de moralité vers lequel il faut tendre qu'un minimum au-dessous duquel il ne faut pas tomber [1].

• *Pascal et le déisme*

Or ce même confort intellectuel, cette bonne conscience et cet optimisme facile que *Les provinciales* dénonçaient chez certains jésuites, les *Pensées* les décèlent chez les déistes.

Il faut distinguer le déisme du XVIIe siècle de celui du XVIIIe siècle, à la manière de Voltaire. Le second rejettera

1. Sur ce point voir Antoine Adam (bibliogr.).

le péché originel et au nom de la tolérance placera toutes les religions sur un pied d'égalité. Le premier admet la faute d'Adam, mais il y voit la marque de notre faiblesse et de notre ignorance, non de notre corruption. Il admet aussi l'Incarnation et la Rédemption, mais il les tient moins pour un rachat que pour une pédagogie, une leçon d'altruisme.

Cette philosophie dogmatique et optimiste prend apparemment le contre-pied du pessimisme des sceptiques. En réalité les extrêmes - c'est une idée chère à Pascal - finissent par se rejoindre : « Déisme et libertinage sont tous deux dans ce faux principe que la raison humaine est au-dessus de toutes choses. » Au nom de la raison en effet les libertins refusent de croire au surnaturel; au nom de la raison les déistes concevant un dieu d'intelligibilité et d'explication, un dieu sans mystère, éliminent sans s'en douter le surnaturel. Le déisme, dit Pascal, est « presque aussi éloigné de la religion chrétienne que l'athéisme » (556). Aussi l'Apologie devra-t-elle affronter non pas un, mais deux adversaires, celui qui ne sait qu'abaisser l'homme et celui qui ne fait que le glorifier; elle devra aussi montrer, dans le domaine de la foi, les limites et les droits de la raison humaine.

L'expérience religieuse de Pascal a unifié sa pensée. Elle lui a appris à placer la science, la vie mondaine, la foi chacune à son rang, dans son ordre. La religion n'exclut ni le savoir ni les devoirs et même les douceurs de la vie en société, mais elle se les subordonne en les rapportant à Dieu. Ainsi les *Pensées* apparaissent-elles comme un centre où convergent non seulement la triple expérience de Pascal, mais encore ses qualités et ses défauts naturels, ses forces vives, ses joies et ses souffrances. Existe-t-il une œuvre plus consubstantielle à son auteur?

Pascal et la condition humaine | 4 |

« Il commença par une peinture de l'homme. » Relatant en ces termes la conférence que Pascal fit à Port-Royal en 1658, la préface de la première édition des *Pensées* confirme ce que nous savons aujourd'hui de leur ordonnance. Or, pour décrire l'homme, Pascal ne part pas de l'Écriture, de données théologiques. Il recourt au contraire à l'expérience, dégage objectivement « l'image de la condition des hommes » (199).

« LE ROSEAU PENSANT » (347)

Il faut nous garder de vues simplistes, d'un optimisme comme d'un pessimisme absolus. La condition humaine est en effet singulièrement complexe, mélange de grandeur et de misère étroitement dépendantes l'une de l'autre.

Qu'il y ait de la grandeur en l'homme, Pascal n'a cessé de l'affirmer. Celle-ci ne consiste essentiellement ni dans les vertus morales : héroïsme cornélien, « générosité » cartésienne, sainteté même, ni dans les dons exceptionnels de l'intelligence : ce sont là des privilèges. Elle réside dans l'activité de l'esprit sous sa forme la plus générale : « Penser fait la grandeur de l'homme » (346). Sans doute la pensée humaine peut-elle atteindre aux plus hautes spéculations scientifiques et philosophiques : « L'univers me comprend et m'engloutit comme un point, par la pensée je le comprends » (348). Mais c'est au niveau de la réflexion la plus courante et la plus modeste qu'elle manifeste le mieux notre grandeur. Tout homme en effet « sait qu'il meurt » (343), tandis que l'univers, qui souvent écrase le « roseau pensant » que nous sommes, ignore qu'il nous tue. Et cette prise de conscience, fût elle conscience de notre malheur, nous élève au-dessus de l'inconscience de la brute ou des choses purement matérielles : « C'est donc être grand que de connaître qu'on est misérable » (397). D'ailleurs une autre expérience, elle aussi à la portée de tous, témoigne encore de notre grandeur. Elle relève moins de la pensée rationnelle que de la pensée intuitive : c'est un « instinct secret » (139) qui toujours nous incite à rechercher le vrai et le bien. Ce besoin d'absolu, s'ajoutant au libre exercice de notre réflexion, est la marque de notre noblesse : « Toute notre dignité consiste dans la pensée » (347).

Cependant s'il est grand dans la mesure où il se sait malheureux, l'homme inversement est malheureux dans la mesure où il est grand : « La misère se concluant de la grandeur et la grandeur de la misère » (416). En effet plus notre pensée s'approfondit par la culture et la méditation, plus nous découvrons tant dans les réalités qui nous entourent qu'en nous-mêmes de graves sujets d'inquiétude.

« DISPROPORTION DE L'HOMME » (72)

Considérons d'abord notre situation au sein de l'univers. Malgré la condamnation de Galilée par l'Inquisition en 1633, le xviie siècle commençait à rejeter la vision rassurante d'un monde organisé en fonction de l'homme, mais personne encore n'en avait tiré des conséquences aussi hardies que Pascal pour qui nous sommes totalement « égarés » dans le cosmos et sans aucune proportion avec le reste de la nature.

L'homme en effet est un être complexe, étant corps et âme, et limité, tandis que l'univers matériel est simple et infini. De plus cette infinité est double et fait de nous un néant par rapport à l'infiniment grand, un prodige d'immensité par rapport à l'infiniment petit, donc « un milieu entre rien et tout » (72). Encore ce milieu peut-il s'entendre de plusieurs façons : moyen terme dans le temps entre l'éternité qui nous a précédés et celle qui nous suivra; moyen terme dans l'espace entre un astre et un insecte minuscule, ou plutôt entre des macrocosmes toujours plus vastes et des microcosmes toujours plus étroits qui « nous enferment » en même temps qu' « ils nous fuient »; moyen terme encore dans le domaine de la connaissance, car si au-delà comme en deçà d'un certain seuil nous n'entendons aucun bruit, si éblouis par le soleil nous sommes aussi aveugles qu'au milieu des ténèbres, n'est-ce pas la preuve que nos sens ne font qu' « apercevoir quelque apparence du milieu des choses » (72)? Quant à notre intelligence elle subit la même loi. En effet le progrès scientifique est indéniable, car « l'humanité est comparable à un homme qui apprendrait continuellement » mais il n'a rien d'exhaustif. Le plus haut savoir aboutit à des impasses, des « contrariétés » (423) : par exemple : « Impossible que Dieu soit et qu'il ne soit pas; que l'âme soit avec le corps, que nous n'ayons pas d'âme; que le monde soit créé, qu'il ne le soit pas » (230).

Ainsi physiquement éloigné des extrêmes, intellectuellement « incapable de savoir certainement et d'ignorer absolument » (72), moralement écartelé entre des aspirations opposées, l'homme apparaît bien comme un milieu : non pas juste milieu, point d'équilibre, mais étrange entre-deux, à la fois indéfinissable - comment déterminer le centre de deux infinis ? - et contradictoire. L'homme, dit Pascal, est un phénomène déconcertant, « un monstre incompréhensible » (420).

AMOUR-PROPRE, MENSONGE ET INJUSTICE

Si nous considérons maintenant l'homme non plus en face de l'univers, mais dans ses rapports avec ses semblables, nous nous apercevons que le mobile profond de tous ses actes est l'amour-propre. Comme La Rochefoucauld dont les *Maximes* (1665) sont cependant postérieures aux *Pensées*, Pascal donne généralement à ce mot un sens péjoratif. L'amour-propre consiste à « n'aimer que soi et ne considérer que soi » (100), « instinct qui porte l'homme à se faire Dieu » et dont le corollaire est que « tous les hommes se haïssent naturellement l'un l'autre ». L'amour-propre engendre le mensonge et l'injustice. Nul homme en effet, s'il a pour lui un amour exclusif, n'est exempt de vanité : « Même ceux qui écrivent contre veulent avoir la gloire d'en avoir bien écrit » (150) et notre vanité trouve toujours des adulateurs. D'ailleurs nous nous prêtons personnellement à ce jeu : quel hommage plus flatteur que d'être aimé ? Aussi cherchons-nous à éveiller dans le cœur d'autrui une ardente passion « pour recevoir les mêmes plaisirs et les mêmes sacrifices que l'on a vu si bien dépeints dans la comédie » (11). Mais si la séduction échoue, notre amour-propre, qui non moins que vanité est orgueil et égoïsme, emploiera la violence pour parvenir à ses fins. A vrai dire, issus de la même volonté de puissance, mensonge et contrainte se prêtent un mutuel appui. La royauté héréditaire en est un bon exemple : conquise à l'origine par la force, elle devient peu à peu une coutume et finit par sembler à ce point naturelle que juges, police et armée lui servent de défense : « Ne pouvant faire qu'il soit forcé d'obéir à la justice, on a fait qu'il soit juste d'obéir à la force » (229). Semblant de justice évidemment, car « on ne choisit pas pour gouverner un vaisseau celui des voyageurs qui est de meilleure maison » (320).

Les « demi-habiles » qui se flattent de connaître « le dessous des cartes » affichent aussitôt un criticisme dédaigneux et voudraient supprimer les lois. Mais les sages, les « habiles » (327) savent que le remède serait pire que le mal. En effet si le choix d'un roi dépendait non du privilège de la naissance, mais de la valeur personnelle des candidats au trône, ceux-ci, persuadés chacun d'être le plus méritant, en viendraient incontinent aux mains (cf. 320). Ajoutons que du point de vue religieux les imperfections de notre société peuvent apparaître comme une épreuve voulue par Dieu pour punir nos fautes et exercer notre patience (cf. 337). Sans ignorer que « l'usurpation a été introduite autrefois sans raison », les habiles ne laissent donc pas de la considérer comme « authentique et éternelle » (294). Or leur attitude coïncide pratiquement avec celle du peuple qui obéit lui aussi aux institutions, mais parce qu'il les croit justes et vraies. Le peuple a donc « des opinions très saines » (324). Gardons-nous toutefois de lui révéler que les lois sont erronées dans leur principe, car, désemparé, il tomberait dans l'anarchie et la guerre civile qui est « le plus grand des maux » (313) et dont toujours « les grands profitent à sa ruine » (294). Cependant le loyalisme du peuple sera exploité par le pouvoir politique qui pourtant ne serait rien sans cette soumission naïve : « La plus importante chose du monde a pour fondement la faiblesse et ce fondement-là est admirablement sûr » (331). Ainsi point de lois dont l'origine ne soit contestable, certaines même sont d'une absurdité criante : « Plaisante justice qu'une rivière borne! »; point de lois non plus qu'on puisse espérer amender : « Il n'y en a aucune vraie et juste à introduire, nous n'y connaissons rien! » (325).

L'ENNUI

De quelque côté qu'on la considère, la condition humaine n'a donc rien de réconfortant. L'homme « sent alors son néant, son abandon, son insuffisance, sa dépendance, son vide. Incontinent il sortira du fond de son âme l'ennui, la noirceur, la tristesse, le chagrin, le dépit, le désespoir » (131). Chez Pascal le mot « ennui » garde l'expressivité de son étymologie latine : « in odio esse », être odieux. C'est un dégoût, une haine de l'existence. L'ennui repose en effet sur l'idée que la vie est dominée par un destin fatal et cruel, et d'autant plus injuste qu'il reste mystérieux. Et cette idée s'accompagne d'images affreuses où s'exprime un triple sentiment tragique de claustration, de fuite et d'anéantissement [1].

L'IMAGINATION ET LE DIVERTISSEMENT

Ce tourment, qui ne chercherait à l'éviter ? Nous disposons à cette fin de deux moyens : l'imagination et le divertissement.

Refuge qui a tôt fait de devenir piège, l'imagination a été critiquée par d'innombrables moralistes. Mais Pascal a renouvelé ce lieu commun. D'abord ne croyons pas que les dupes de l'imagination soient seulement les naïfs, les sots ou les fous, donc les autres. C'est nous tous, parfois même les philosophes, note Montaigne; surtout « les plus sages » renchérit Pascal. Ne croyons pas non plus qu'instruits par nos déboires nous revenions vite de nos illusions : au contraire l'imagination « remplit ses hôtes de satisfaction » (82). Ne croyons pas enfin que l'imagination ne soit que mauvaise : « Fourbe, elle ne l'est pas toujours », mais nous n'avons aucun critère de sa véracité. Aussi est-elle d'autant plus dangereuse : « maîtresse d'erreur et de fausseté ». De fausseté surtout, car nous utilisons ses pouvoirs non seulement pour abuser autrui - il n'est que de voir comment un roi, un juge, un médecin jouent du prestige que leur confèrent une escorte, un costume somptueux ou singulier - mais encore pour nous abuser nous-mêmes, « nous crever les yeux agréablement » (82). Qui d'entre nous en effet s'avoue sa propre médiocrité, qui ne se compose pour lui-même un personnage idéal ?

1. Cf. infra, p. 65 et 66.

Complice de l'amour-propre, l'imagination fait déjà office de divertissement.

Le divertissement est en effet, selon Pascal, tout ce par quoi, volontairement ou inconsciemment, nous nous détournons de la dure et triste réalité. Souvent simple détente ou amusement - le sport, la chasse, la danse, la conversation mondaine, le jeu - il peut aussi bien consister dans une occupation sérieuse, difficile, voire dangereuse : la diplomatie, le commerce, la guerre. Il peut être notre métier de tous les jours : « Certains (n'est-ce pas une allusion de Pascal à lui-même ?) suent dans leur cabinet pour montrer aux savants qu'ils ont résolu une question d'algèbre qu'on n'avait pu trouver jusqu'ici » (139). Bref autant d'activités, autant de divertissements, si de tels actes empêchent l'homme de « penser à soi ». Penser à soi, prenons-y garde, ne signifie nullement pour Pascal se livrer au culte du moi. Pour nous abandonner à des lectures passionnantes, à l'analyse subtile de nos sentiments, aux délices de la rêverie, rien de plus propice - comment cet observateur subtil de l'âme humaine l'ignorerait-il ? - que la solitude. Or s'il affirme que « tout le malheur des hommes vient d'une seule chose qui est de ne savoir pas demeurer en repos dans une chambre » (139), il veut dire que nous ne pouvons sans tomber dans l'angoisse, dans l'ennui, rester entre quatre murs à méditer sur la condition humaine. Penser à soi, c'est, pour Pascal, regarder en face le tragique de notre existence : vue insoutenable.

De cette échappatoire qu'est pour nous le divertissement, Pascal a démonté admirablement le mécanisme. Examinons-le sous sa forme la plus courante : la chasse et le jeu. Que cherchent le chasseur et le joueur ? La prise ? Le gain ? ou le plaisir de poursuivre le gibier, d'affronter le partenaire ? Ni l'un ni l'autre de ces deux objets séparément, mais les deux à la fois. Plus exactement ils recherchent « un sujet de passion », « une occupation violente et impétueuse » qui leur fera oublier un moment leur misère. Aussi le divertissement fait-il appel à notre imagination dont il présentera tous les dangers. N'est-il pas en effet avant tout illusion ? Il ne saurait assouvir « la nature insatiable de notre cupidité » et tandis que le bonheur - nous le sentons d'instinct - consiste dans la quiétude, le divertissement « nous porte à tendre au repos par l'agitation » (319). Ici encore avec une complaisance inavouée nous nous prêtons à cette duperie; bien plus nous refusons d'en mesurer les risques : « Nous courons sans souci dans le précipice, après que nous avons mis quelque chose devant nous pour nous empêcher de le voir » (183). Besoin vital, mais poison mortel : « La seule chose qui nous console de nos misères est le divertissement, et cependant c'est la plus grande de nos misères » (171).

« UNE CAPACITÉ VIDE »

Misérable, l'homme l'est effectivement dans les deux sens du terme : il subit le mal et il le commet. Jeté dans un lieu et dans un temps où il n'a pas choisi de vivre, trop faible pour percer de ses lumières naturelles les effroyables mystères de l'univers, jouet des « puissances trompeuses » (83) : coutume, amour-propre, imagination, l'homme ne semble-t-il pas coupable? Qui dira si l'homme est plus méchant ou plus malheureux? En tout cas, « incapable de vrai » (437), incapable de justice, d'espérance, de repos, jamais il n'atteindra le but qu'en définitive visent tous nos actes : le bonheur (cf. 425). Et pourtant il est une chose dont l'homme est capable : c'est sinon d'accéder au bonheur, du moins d'en avoir une certaine idée. « Il y a dans l'homme la capacité de connaître la vérité et d'être heureux » (423). Capacité « naturelle », dit Pascal, en tant que disposition au « souverain bien » dont un « instinct secret » éveille en nous la nostalgie. Mais capacité « vide », parce que les plaisirs illusoires et éphémères du divertissement ne sauraient combler notre âme : « gouffre infini (qui) ne peut être rempli que par un objet infini et immuable » (425). Ainsi s'explique, surtout dans sa première partie, la fameuse déclaration de Pascal : « Le cœur de l'homme est creux et plein d'ordure » (143). Nous retrouvons donc ici l'indissolubilité de la misère et de la grandeur humaines - Que l'homme « se haïsse » puisqu'il est impuissant à satisfaire la plus profonde de nos aspirations; mais « qu'il s'aime » (423) puisque le regret d'un paradis perdu prouve que notre nature n'est pas entièrement corrompue. Mais alors si le cœur humain est comme un récipient fait pour accueillir un bonheur que nous sommes incapables de nous donner nous-mêmes, peut-être ce bonheur nous viendra-t-il d'ailleurs, nous sera-t-il donné par un autre?

5 | La foi selon Pascal

Félicité de l'homme, tel est précisément le second thème de la méditation pascalienne : « Misère de l'homme sans Dieu, félicité de l'homme avec Dieu » (60). Antithèse saisissante qui fait dépendre le malheur de l'incroyance et le bonheur de la foi.

L'ACTE DE FOI

• La raison et le cœur

« Nous connaissons la vérité non seulement par la raison mais encore par le cœur » (282). L'auteur des *Pensées* suit ici, comme l'a montré Jean Laporte [1], la doctrine de Port-Royal. Il se distingue de Descartes pour qui la déduction et l'intuition sont de même nature, toutes deux formes de pensée claire et distincte. Pour Pascal au contraire la raison et le cœur appartiennent à deux ordres absolument indépendants.

La raison est connaissance discursive : elle repose sur le raisonnement, en particulier la déduction. Le cœur est connaissance intuitive, immédiate : sorte de flair, de tact, de divination, il procède par induction.

La raison est faculté de l'universel, car elle aboutit à des définitions exactes et précises aisément communicables. Le cœur est faculté de l'individuel, car il est difficile d'expliquer ce que nous ressentons profondément et de le faire partager à autrui.

La raison est simple : elle participe de la pensée au sens le plus général de ce mot : l'intelligence. Le cœur est complexe. Il participe à la fois de l'affectivité, car il ne va pas sans émotion; de la volonté, car il est élan, aspiration, désir; de l'intellect même, car toute tendance implique une direction, donc anticipation et choix. Aussi Pascal nomme-t-il

1. Cf. bibliographie.

le « cœur » tantôt « sentiment », tantôt « instinct », tantôt
« idée de la vérité ». Bref, le cœur est moins une faculté parti-
culière que le centre de toutes nos facultés, le tréfonds de
notre personnalité.

Enfin la raison est la faculté du fini, car elle ne peut
comprendre ce qu'est l'infini sous aucune de ses formes,
mathématique, physique, logique. En revanche le cœur est
la faculté de l'infini, car c'est lui qui découvre les premiers
principes à partir desquels par voie de déduction s'élabore
la découverte scientifique; c'est lui aussi qui aspire à l'illimité et à l'absolu, à l'éternel et au parfait, ouvrant en quelque
sorte à l'infiniment petit la voie de l'infiniment grand. Autrement dit, selon l'excellente formule de Jean Laporte, la
raison est la faculté de l'humain, le cœur, la faculté du divin.

- *Force et faiblesse de nos lumières naturelles :*
  le péché originel

Dans l'état d'innocence, surnaturellement unis à Dieu, la
raison et le cœur permettaient aux hommes de « jouir de
la vérité avec assurance » (434). Mais par la faute d'Adam
l'homme s'est détourné de l'amour de Dieu, son fondement
et sa règle, pour s'abandonner aux désirs les plus égoïstes
et les plus orgueilleux de la « concupiscence [1] ». Dès lors
ses « lumières naturelles » ont perdu de leur efficacité.

Toutefois, contrairement à une opinion souvent répan-
due, les Jansénistes n'ont jamais soutenu que la corruption
de la nature humaine fût totale. Sinon, comment Pascal
pourrait-il parler de la grandeur de l'homme ? Le péché
originel, en effet, constitue une « aversio mentis a Deo »,
un détournement, une orientation à faux. C'est la volonté
qui est pervertie, non nos facultés de connaître. Viciées dans
leur exercice, celles-ci ne le sont pas dans leurs capacités.
Donc même après la faute d'Adam, même coupés de Dieu,
la raison et le cœur gardent de l'état édénique un certain
pouvoir et une certaine valeur. La raison peut encore atteindre des vérités partielles, notamment dans le domaine des

---

1. « Concuspiscence » : convoitise. C'est la théorie augustinienne des trois
« LIBIDO » : « LIBIDO SENTIENDI, DOMINANDI, SCIENDI » = désir de
jouir, de dominer, de savoir.

sciences désintéressées : mathématiques, physique, astronomie, où la concupiscence ne joue pas et où triomphe « l'esprit de géométrie ». Dans le domaine aussi de la spéculation morale et philosophique, à condition de se garder de la « libido sciendi », c'est-à-dire des théories ou des systèmes qui prétendent tout expliquer. Voilà pourquoi Pascal fera appel aux preuves et au raisonnement pour convaincre l'incroyant : la raison entièrement corrompue, aucune apologétique n'eût été possible. Le cœur, lui aussi, continue de nous orienter vers le vrai, lorsqu'il affirme les postulats qui sont à l'origine des sciences [1] ; lorsqu'il nous fait sentir que nous existons et ne rêvons pas ; lorsque, « esprit de finesse », il est le meilleur instrument d'analyse psychologique; lorsque, nostalgie du paradis perdu, il fait retentir en nous l'appel de la transcendance.

Cependant, par suite du péché originel, le cœur et la raison sont souvent frappés d'impuissance et d'erreur. Impuissance de la raison à expliquer nos contradictions et toutes les formes d'infini. Erreur de la raison soumise à toutes les « puissances trompeuses » : imagination, coutume, amour-propre, et à toutes nos passions. Impuissance du cœur à communiquer ses certitudes si intimes, si strictement personnelles. Erreur du cœur quand, dominé par la concupiscence, il confond avec l'absolu du vrai et du bien, qui est Dieu, des idoles, simples apparences de ces valeurs : « Je dis que le cœur aime l'être universel naturellement et soi-même naturellement, selon qu'il s'y adonne et se durcit contre l'un ou l'autre à son choix » (277). Le second cas est le plus fréquent, mais c'est alors seulement, quand le cœur opte pour l'amour du moi, l'égoïsme, que Pascal le déclare « plein d'ordure » (143).

En somme la raison et le cœur ne sont pas inutiles pour nous guider vers Dieu, mais ces « facultés naturelles » n'y suffisent point. La foi a donc une autre origine.

---

1. Ex. : l'espace, le temps, la divisibilité des nombres à l'infini.

Effectivement « il y aurait trop d'obscurité, si la vérité n'avait pas de marques visibles » (857). Ce qui nous est totalement caché, comment aurions-nous l'idée de le chercher ? Dieu s'est donc manifesté aux hommes. La foi ne relève pas seulement du raisonnement et de l'intuition, elle est aussi de l'ordre de l'expérience : Dieu nous parle par des « signes ». Il s'agit de faits, d'événements réels, historiques qui s'ordonnent autour d'un personnage authentique, le Christ, pour montrer qu'il a été prédit, qu'il est venu, qu'il vit éternellement.

Ce sont d'abord les prophéties de l'Ancien Testament attestées par le Nouveau [1]. Si elles ont cessé de nos jours, c'est qu'à lui seul leur accomplissement constitue « un miracle subsistant » (706). Ce sont ensuite les miracles, en particulier la Résurrection du Christ dont les apôtres ont témoigné par le martyre. C'est enfin la perpétuité : attente du vrai Dieu depuis les temps les plus antiques, prolongement de la religion juive dans la religion chrétienne, résistance victorieuse de l'Église à de perpétuelles persécutions.

Ainsi le Christ, Dieu et homme, par sa double nature nous éclaire autant sur l'humain que sur le divin : « Non seulement nous ne connaissons Dieu que par Jésus-Christ, mais nous ne nous connaissons nous-mêmes que par Jésus-Christ » (548).

Et pourtant nous lisons dans les *Pensées :* « Les prophéties, les miracles et les preuves de notre religion ne sont pas de telle nature qu'on puisse les dire absolument convaincants » (564). Mais la contradiction n'est qu'apparente. Entendons en effet non que les signes divins sont faibles, mais qu'ils ne veulent pas s'imposer à nous par la force, qu'ils requièrent une libre adhésion. Aussi reprenant une affirmation du prophète Isaïe, traduite dans la Vulgate [2] par « Vere, tu es absconditus » : « En vérité, tu es caché », Pascal n'hésite pas à déclarer que Dieu s'enferme dans « un étrange secret ». Dieu n'est pas seulement caché aux hommes par sa transcendance même, « il s'est voulu caché » (585), précise une lettre

---

1. Dans la Bible les textes antérieurs à la venue du Christ, puis ceux où s'exprime son message.
2. Version latine du texte hébreu de la Bible.

à Mlle de Roannez, dans la nature où quelques païens ont su le découvrir; dans l'écriture sainte où les juifs l'ont découvert, non les païens; dans l'incarnation où ni les païens ni les juifs ne l'ont découvert, mais les chrétiens; dans l'eucharistie[1] où les chrétiens hérétiques ne l'ont pas découvert, mais les catholiques.

• La révélation intérieure : Dieu sensible au cœur

Encore est-il plus exact de dire que Dieu n'est découvert que parce qu' « il se découvre à ceux qui le cherchent » (557). Car Dieu est la fin mais aussi l'origine de tout (488). De lui émane toute initiative. C'est lui-même qui suggère aux hommes le besoin de le chercher (cf. 287). D'où un double mouvement. D'une part, un élan gratuit d'amour qui va de Dieu vers l'homme : « La foi est différente de la preuve : l'une est humaine, l'autre est un don de Dieu » (248). Il s'agit d'une révélation intérieure, d'une inspiration qui s'adresse évidemment à la plus subtile de nos « facultés naturelles » de connaissance, le cœur : « Dieu sensible au cœur, non à la raison, voilà ce que c'est que la foi » (278). Et d'autre part, réponse à l'appel, d'en haut, il existe un mouvement de l'homme vers Dieu, élan d'amour aussi, jailli du cœur, soutenu par la volonté, qui dès lors cesse d'être esclave de la concupiscence pour s'ouvrir à la charité. Nous touchons ici à la conception pascalienne de la grâce dans les *Pensées*. Mystérieuse dans sa nature, car nous ne pouvons comprendre comment la toute-puissante volonté divine s'accorde avec la liberté humaine, la grâce est claire dans ses effets : elle oriente l'homme vers le bien. Selon Jean Mesnard [2], au premier stade, celui de la révélation extérieure reposant sur les prophéties et les miracles, correspondrait « une sorte de grâce suffisante » : Dieu adresse certains signes en droit à tout homme sans exception. Au second stade, celui de la révélation intérieure, la grâce devient « efficace », mais ne s'adresse plus qu'aux hommes de bonne volonté.

---

1. Les protestants ne reconnaissent pas la présence du Christ sous les espèces de l'hostie.
2. Cf. bibliographie.

De là ce mot de Pascal, terrible à première vue : « Dieu a voulu aveugler les réprouvés et éclairer les élus » (cf. 566). Mais cela veut dire non pas que Dieu damne d'avance certains hommes, mais qu'il finit par se lasser du refus qu'ils opposent à son appel (cf. 584). La preuve en est dans les affirmations suivantes : « Puisque notre religion nous oblige à regarder les incroyants comme capables de la grâce qui peut les éclairer, il faut faire pour eux ce que nous voudrions qu'on fît pour nous » (194), et encore : « *L'Église n'offre le sacrifice que pour les fidèles; Jésus-Christ a offert celui de la Croix pour tous* » (774).

LA VIE DE FOI

La foi n'est pas seulement un acte de confiance en Dieu, elle implique de la part du croyant un comportement nouveau.

• *Foi et vérité : les figuratifs et les trois ordres*

Si la concupiscence ne peut qu'obnubiler nos lumières naturelles, inversement ce corollaire de la foi qu'est la charité, amour réciproque du créateur et de la créature, ne peut que leur redonner toute leur vigueur. Aussi le « cœur » inspiré par la charité éclaire-t-il la raison. « C'est sur ces connaissances du cœur et de l'instinct qu'il faut que la raison s'appuie et qu'elle y fonde son discours » (282). La raison à son tour n'aura d'autre but que le vrai. « La plus grande des vertus chrétiennes est l'amour de la vérité [1] », puisque, Dieu étant vérité, cet amour ne peut que provenir de lui et tendre vers lui.

La révélation intérieure en quoi consiste la foi dissipera donc les obscurités que la révélation extérieure, les « signes », peut encore présenter à nos yeux. En particulier, la foi nous permettra, dit Pascal, de « déchiffrer » l'écriture sainte. En effet, à la suite de Saint Paul, l'auteur des *Pensées* voit

1. Pascal, 19e *Provinciale*.

dans l'Ancien et le Nouveau Testament un code allégorique. Par exemple le fils de la servante et le fils de la femme libre sont l'image de la Jérusalem terrestre et de la Jérusalem céleste; le serpent d'airain élevé en l'air par Moïse, l'image du Christ élevé sur la croix. Sous ces « figuratifs » la foi nous fera découvrir le sens caché, sous les choses visibles, les réalités invisibles. Mais ce n'est pas seulement tel aspect particulier du réel que la foi nous dévoile, c'est l'économie profonde du monde entier.

Tous les êtres vivants en effet sont répartis selon trois ordres de grandeur. L'ordre des corps représenté par les rois, les riches, les capitaines, tel Hiéron de Syracuse, et illustré par les batailles. L'ordre des esprits représenté par les philosophes ou les savants, tel Archimède, et illustré par les inventions. L'ordre de la charité représenté par les saints, surtout par le Christ, et illustré par l'absence de péché. Or les grandeurs, charnelles, intellectuelles, spirituelles, sont perceptibles chacune à l'intérieur de leur ordre, mais invisibles pour qui appartient à un ordre différent. C'est qu'il n'y a aucune commune mesure, mais « une distance infinie » entre la matière inconsciente et la pensée consciente, et « une distance infiniment plus infinie » (793) entre cette dernière et la charité surnaturelle. De là un total renversement des perspectives : nous sommes généralement sensibles aux manifestations de la force physique, à la puissance que nous confèrent découvertes et inventions. La valeur de l'homme n'est pas là : elle est dans le renoncement et l'humilité de la sainteté « qu'il y a loin de la connaissance de Dieu à l'aimer » (380).

• *Foi et ascèse : « Le moi est haïssable »*

Ainsi la foi touche-t-elle à la vie morale. Elle nous amène à rejeter les fausses grandeurs, à nous convertir. Cependant la conversion ne résulte pas de l'intelligence des signes. C'est au contraire - nouveau renversement pascalien - l'intelligence des signes qui résulte de la conversion : « Travaillez donc non pas à vous convaincre par l'augmentation des preuves de Dieu, mais par la diminution de vos passions. » C'est en ce sens que Pascal déclare notre moi « haïssable » (455). Parle-t-il d'une ascèse qui anéantirait ou du moins mutilerait nos capacités physiques, intellectuelles, morales ? Au contraire il s'agit de les débarrasser des désirs égoïstes, de la concupiscence pour les mettre au service de la charité.

La haine du moi exige d'abord le dépouillement du charnel afin d'accéder au spirituel : c'est pour avoir attendu un roi magnifique et vengeur que bien des Juifs, dit Pascal, n'ont pas reconnu le Messie dans le Christ. La haine du moi requiert aussi le renoncement à l'orgueil : « s'offrir par les humiliations aux inspirations » (581). Pour croire, il faut d'abord « s'abêtir », remarque, non sans humour, Pascal, c'est-à-dire se mettre à genoux, prendre de l'eau bénite. Ce fin psychologue sait trop bien qu'on ne se change pas sans une discipline progressive de la volonté, sans « plier la machine » (248). Enfin, si personnelle que soit la vocation de chaque croyant, la haine du moi lui rappellera qu'il n'est pas seul devant Dieu ; qu'il doit œuvrer en union avec toute l'Église, filialement soumis (comme Pascal en ses derniers jours) à son chef, le Pape ; qu'il doit aussi s'offrir pour le salut de tous les autres hommes qui réciproquement peuvent lui apporter le fruit de leurs mérites dans la solidarité du « corps mystique » (cf. 872 et 483).

Par devoir et par amour du prochain le croyant aspire donc à transmettre sa foi. Mais si la croyance est un don de Dieu, si en outre elle est « sensible au cœur », tout effort humain pour convertir autrui, comme toute démonstration rationnelle ne s'avèrent-ils pas inutiles ? Pascal n'en disconvient pas : aucune apologie du christianisme n'est capable de nous procurer la foi. Du moins peut-elle nous préparer à croire : « Ceux à qui Dieu a donné la religion par sentiment de cœur sont bien légitimement persuadés. Mais ceux qui ne l'ont pas, nous ne pouvons la leur donner que par raisonnement, en attendant que Dieu la leur donne par sentiment de cœur » (282).

L'apologétique pascalienne reconnaît donc les limites de la raison, mais aussi son utilité et son pouvoir. Rien d'un pur fidéisme : « Soumission et usage de la raison, en quoi consiste le vrai christianisme » (269).

SOUMISSION DE LA RAISON

Altérée par le péché originel et en concurrence avec d'autres modes de connaissance, la raison doit tirer les conséquences d'une telle situation.

D'abord l'apologiste ne peut recourir au seul raisonnement pour nous amener à la foi. C'est là le rôle du cœur : il a « ses raisons que la raison ne connaît point » (277). Certaines âmes, aussi profondes que simples, ne croient-elles pas sans avoir reçu d'instruction religieuse ? Et si la plupart des croyants ne peuvent se dispenser de justifications logiques, c'est du cœur, en fait, que celles-ci reçoivent leur crédibilité :

« Tout notre raisonnement se réduit à céder au sentiment » (274). En second lieu la raison ne peut nous éclairer sur la nature de Dieu. Elle n'aboutit qu'à des abstractions, à « une connaissance stérile » (556) : « Quand un homme serait persuadé que les proportions des nombres sont des vérités immatérielles, éternelles et dépendantes d'une première vérité en qui elles subsistent et qu'on appelle Dieu, je ne le trouverais pas beaucoup avancé pour son salut » (556). Le raisonnement ne peut pas même nous assurer de l'existence de Dieu. Les preuves physiques arguant de la beauté et de l'ordre de la nature, comme « le cours de la lune et des planètes », sont sujettes à caution (242). Quant aux preuves métaphysiques, elles embrouillent si bien nos pauvres esprits qu'« une heure après ils craignent de s'être trompés » (543). D'accord ici avec les jansénistes, mais en contradiction avec le concile de Trente [1], Pascal est formel : en dehors de la foi, « nous sommes incapables de connaître ni ce que Dieu est, ni s'il est » (233). Nous nous heurtons donc au mystère, mais ce mystère de quel droit la raison, qui n'a pas l'apanage du savoir, peut-elle le rejeter ? « Si on soumet tout à la raison, notre religion n'aura plus rien de mystérieux et de surnaturel » (273).

USAGE DE LA RAISON

Cependant inversement « si on choque les principes de la raison, notre religion sera absurde et ridicule » (273). « Je n'entends pas, fait dire Pascal à la foi chrétienne, que vous soumettiez votre créance à moi sans raison, et ne prétends pas vous assujettir avec tyrannie » (430). Or, ne l'oublions pas, la raison n'est pas totalement corrompue. Mode de la pensée, elle manifeste la grandeur de l'homme. Si le cœur éclaire la raison, celle-ci à son tour peut devenir l'auxiliaire du cœur. Grâce à elle, la foi, d'abord purement intuitive, prend conscience d'elle-même, devient lucide et réaliste. Ainsi, irrationnelle dans son essence, la religion chrétienne n'en est pas moins sage et raisonnable (cf. 187-588).

1. Réunis à Trente en Italie au XVIe siècle, les théologiens catholiques avaient affirmé qu'il y a des preuves rationnelles de l'existence de Dieu.

- *Mystère et existence*

Ce sens du réel apparaît d'abord dans l'attitude du croyant à l'égard du mystère. Loin de rejeter le mystère, le chrétien ne se cache pas d'y adhérer : « Qu'on ne nous reproche donc plus le manque de clarté, puisque nous en faisons profession » (751). C'est que, comme nous le montre constamment la science, « tout ce qui est incompréhensible ne laisse pas d'être » (430). De même, dans le domaine religieux, certains faits historiques extraordinaires, des miracles et des prophéties, ne peuvent à la légère être traités d'illusions ou de mensonges. Sans doute ne prouvent-ils pas l'existence du surnaturel, mais ils permettent d'en accréditer l'hypothèse. Il y a des cas où nous n'éviterons l'absurde qu'à la condition d'admettre l'inexplicable. « La dernière démarche de la raison est de reconnaître qu'il y a une infinité de choses qui la surpassent » (267). Et cet accord est le bon sens même : « Il n'y a rien de si conforme à la raison que ce désaveu de la raison » (272).

- *Le pari*

Si l'on fait sa part au surnaturel, l'incroyant conviendra peut-être que l'existence de Dieu n'est pas impossible. Néanmoins cela ne suffit pas à obtenir son adhésion. Mais la neutralité, ici, n'est-elle pas intenable ? En effet ne pas prendre parti pour un homme, ce n'est pas le traiter nécessairement en adversaire, tandis qu'en face de l'absolu, qui n'est pas pour Dieu est contre lui. Nous voilà donc « embarqués », obligés de parier (233).

Si je parie que Dieu existe et si, réglant ma vie en conséquence, je renonce aux plaisirs foncièrement égoïstes, deux cas peuvent se produire. Ou bien Dieu est : alors je mériterai le bonheur éternel. Ou bien Dieu n'est pas : alors durant mon existence j'aurai renoncé à des plaisirs éphémères et médiocres, et à ma mort j'entrerai dans le néant où je n'éprouverai aucun regret de l'immortalité. Dans une telle hypothèse le gain est immense, la perte minime.

Inversement si je parie que Dieu n'existe pas et si, réglant ma vie en conséquence, je me livre à tous les plaisirs, deux cas encore se présentent. Ou bien Dieu est : alors je serai damné éternellement. Ou bien Dieu n'est pas : alors durant mon existence j'aurai joui de plaisirs éphémères et médiocres, et à ma mort j'entrerai dans le néant où je ne les retrouverai plus. Dans cette hypothèse la perte est immense, le gain minime.

Mais surtout il existe une disproportion infinie entre l'enjeu d'une part et le gain ou la perte d'autre part. L'enjeu, une vie terrestre et ses plaisirs, est fait de grandeurs finies. Le gain ou la perte, une éternité de bonheur céleste ou de damnation, constituent des grandeurs infinies, et même infiniment infinies puisqu'une infinité d'intensité y est multipliée par une infinité de durée. L'éternité du ciel, infinité homogène de bonheur, n'a rien de commun avec l'immortalité que représenterait une série sans fin de vies terrestres, de naissances et de morts.

Aussi même en supposant la probabilité la plus faible, à savoir une seule chance de gagner l'éternité bienheureuse contre une infinité de risques de perdre une vie terrestre, le pari serait encore avantageux, parce que le gain relève d'un infini qui n'est pas du même ordre que celui de l'enjeu, mais d'un ordre supérieur.

Enfin envisageons le cas où l'infini qu'on espère n'existerait pas. Les biens finis qu'on aurait sacrifiés ne le seraient pas en pure perte. « Or quel mal vous arrivera-t-il ? (...) vous serez fidèle, honnête, humble, reconnaissant, bienfaisant, ami sincère, véritable. » Progrès moral et paix de la conscience : le pari sera encore gagné.

Un tel raisonnement soulève aussitôt deux objections. D'abord ce que Pascal considère comme un bien fini, la vie terrestre et ses plaisirs, peut au contraire prendre pour l'incroyant une valeur infinie. Mais si Pascal ne se place pas à un tel point de vue, c'est que précisément celui-ci lui paraît purement subjectif et que personne d'ailleurs n'a jamais prétendu avoir trouvé en ce monde le bonheur absolu. En second lieu l'incroyant observera qu'en optant pour Dieu il renonce aux plaisirs qui lui sont chers, donc perd certainement sa vie terrestre, tandis qu'il gagne incertainement la vie céleste : certitude et incertitude s'annulent comme le fini en face de l'infini, et il n'y a aucun avantage à parier. A quoi Pascal réplique que si nous n'agissions qu'en vue du certain, nous devrions renoncer à presque toutes nos entreprises. Au fond la vie est un perpétuel pari : combats, commerce, voyages - autant de risques à courir. D'ailleurs ce qui s'oppose au même titre que le fini et l'infini, c'est la certitude de la perte et la certitude du gain; non l'incertitude de la perte (Dieu étant ou n'étant pas, nous avons un risque sur deux de gâcher notre vie terrestre) et l'incertitude du gain (Dieu étant ou n'étant pas, nous avons une chance sur deux d'obtenir la vie céleste) qui, présentant le même coefficient de probabilité, sont égales au contraire.

Quel est le sens du pari? Prouve-t-il l'existence de Dieu? Nullement, car une telle preuve, Pascal l'affirme, ne nous est pas donnée par le raisonnement. Une spéculation qui cherche à supprimer le risque réduirait d'ailleurs la foi à un calcul sans amour et à un don sans mérite. Or c'est précisément à la fin de ce célèbre argument que Pascal invite l'incrédule à accomplir humblement les gestes de la croyance : prier, se mettre à genoux, pour en obtenir la grâce. Le pari n'est qu'une propédeutique de la foi. Il se place sur le terrain même de l'adversaire, il veut montrer aux libertins, esprits positifs et pratiques, passionnés aussi de jeu, souvent férus de mathématiques (Pascal combine le calcul des probabilités et la réflexion sur l'idée d'infini), que croire en Dieu, loin d'être une attitude stupide, est au contraire le plus raisonnable des partis.

• *Justice et charité*

Pour ne point choquer la raison, le chrétien doit dans son engagement religieux tenir compte non seulement du réel mais encore de la justice, car l'iniquité est d'abord scandale pour l'esprit. Or aux yeux de Pascal le clair-obscur dans lequel Dieu se révèle en même temps qu'il se dissimule n'a rien d'arbitraire.

Dieu en effet a voulu avant tout respecter la liberté humaine : « S'il eût voulu surmonter l'obstination des plus endurcis, il l'eût pu en se découvrant si manifestement à eux qu'ils n'eussent pu douter de la vérité de son essence, comme il paraîtra au dernier jour, avec un tel éclat de foudres et un tel renversement de la nature que les morts ressusciteront et les plus aveugles verront. Ce n'est pas en cette sorte qu'il a voulu paraître dans son avènement de douceur... » (430). « Si Dieu se découvrait continuellement aux hommes, il n'y aurait pas de mérite à le croire » (lettre à Mlle de Roannez).

Dieu a voulu aussi nous garder de l'orgueil autant que du désespoir : « S'il n'y avait point d'obscurité, l'homme ne sentirait pas sa corruption ; s'il n'y avait point de lumière, l'homme n'espèrerait pas de remède » (586). Même à l'égard des « élus », s'il y a assez de clarté pour les éclairer, il y a « assez d'obscurité pour les humilier » (578), c'est-à-dire les empêcher de se croire supérieurs aux autres hommes.

Dieu mesure sa grâce à la bonne volonté : il se cache à « ceux qui le fuient » ou à « ceux qui le tentent », en le sommant de révéler son existence sans rien lui donner d'eux-mêmes, mais il se découvre à « ceux qui le cherchent » (557).

Dieu n'est point parcimonieux. « Il y a de l'évidence et de l'obscurité pour éclairer les uns et obscurcir les autres, mais l'évidence est telle qu'elle surpasse ou égale pour le moins l'évidence du contraire » (564).

Dieu est plus miséricordieux que sévère : « Dieu a voulu racheter les hommes et ouvrir le salut à ceux qui le cherchaient. Mais les hommes s'en rendent si indignes qu'il est juste que Dieu refuse à quelques-uns, à cause de leur endurcissement, ce qu'il accorde aux autres par une miséricorde qui ne leur est pas due » (430). Et encore : « Il y a assez d'obscurité pour aveugler les réprouvés et assez de clarté pour les condamner et les rendre inexcusables » (578).

Ainsi le christianisme est-il sous le signe de la justice la plus stricte en même temps que de l'amour le plus généreux.

• Une explication suprarationnelle

Que le christianisme se réclame de la justice voilà qui paraît pour le moins discutable. Quoi de plus inique en effet que le péché originel ?

Ce scandale, les *Pensées* ne cherchent pas à l'esquiver : « Il n'y a rien qui choque plus notre raison (...) que de dire que le péché du premier homme ait rendu coupables ceux qui, étant éloignés de cette source, semblent incapables d'y participer. Qu'y a-t-il de plus contraire aux règles de notre misérable justice ? » (434). Mais Pascal ajoute : « Et cependant sans ce mystère le plus incompréhensible de tous, nous sommes incompréhensibles à nous-mêmes (...) de sorte que l'homme est plus inconcevable sans ce mystère que ce mystère n'est inconcevable à l'homme. »

En effet l'homme est à la fois grand et misérable. Or cette grandeur il la tient en général de la pensée, et plus particulièrement d'une forme de cette pensée, un « instinct secret » (139), souvenir et nostalgie de l'état d'innocence où il a été créé « semblable à Dieu et participant de sa divinité » (434), ce qui explique son aspiration incessante à l'infini et à l'absolu (cf. 411). Quant à sa misère, elle résulte de la désobéissance du premier homme. Ainsi le péché originel tout en demeurant obscur à bien des égards : « Nous ne concevons ni l'état glorieux d'Adam ni la nature de son péché ni la transmission qui s'en est faite en nous » (560) est l'unique solution de l'énigme posée par la condition humaine.

Qui ne voit d'ailleurs que la misère et la grandeur de l'homme d'une part, l'obscurité et la clarté de Dieu d'autre part vont de pair ? Car l'ombre où Dieu se cache fait notre malheur et la lumière où il se révèle fait notre bonheur. Le sentiment de notre misère accentué par l'obscurité divine garde l'homme de l'orgueil ; le sentiment de notre grandeur accentué par la lumière divine lui fait espérer le salut. Admirable économie ! « Il faut, dit Pascal, pour faire qu'une religion soit vraie qu'elle ait connu notre nature. Elle doit avoir connu la grandeur et la petitesse, et la raison de l'une et de l'autre » (433). « Toute religion qui ne dit pas que Dieu est caché n'est pas véritable. Et toute religion qui n'en rend pas la raison n'est pas instruisante » (585).

Pour Pascal le mystère religieux est donc ambivalent : opaque et rayonnant, soleil qui nous éblouit mais nous inonde aussi de lumière et de chaleur. Et la foi qui accueille ce mystère, loin d'émaner d'une mentalité primitive, infrarationnelle, offre au contraire une explication suprarationnelle, la seule suffisante, de notre destin : « La foi dit bien ce que les sens ne disent pas, mais non pas le contraire de ce qu'ils voient. Elle est au-dessus et non pas contre » (265).

- ● *Clarté de l'amour*

Gardons-nous cependant de vouloir tout expliquer, ramener à des motifs humains ; on risquerait de dénaturer la volonté de Dieu. Car celle-ci, nous le savons, ne dépend que de lui-même. Dieu est libre, parce qu'il choisit, préfère. Ce choix reste pour nous à jamais incompréhensible, mystère de la prédestination, mais il n'est pas arbitraire. Dieu a ses raisons, et les meilleures, mais « dans un ordre d'infinité où la raison humaine ne peut pénétrer que par le cœur, car cet ordre est lui aussi de cœur et de charité. En Dieu la liberté préfère dans la clarté de l'amour » (Jean Guitton [1]). C'est pourquoi dans les *Pensées* (cf. Mystère de Jésus, 553) le Christ apparaît comme un être solitaire, avide de compagnie, versant telle goutte de sang pour obtenir telle larme, plus ami que nos compagnons les plus proches, donc témoin de la prédilection de l'amour. Mais le Christ est aussi celui qui donne sa vie pour tous les hommes, de sorte que - nouveau mystère et nouvelle lumière - « le caractère du Verbe incarné est de pouvoir sans mentir assurer chacun qu'il le préfère et réaliser ainsi l'amour singulier universellement » (Jean Guitton).

« Notre religion est sage et folle » (588) affirme Pascal. Folle parce qu'elle revendique le mystère et le surnaturel, le renoncement et le sacrifice. Sage parce qu'elle respecte néanmoins les droits de la raison, tout en l'empêchant de présumer de ses forces. Sage aussi par sa folie même, parce qu'elle tire de l'inconcevable la solution de nos « contrariétés », parce qu'elle a le sens de l'intelligibilité du mystère. Et pour Pascal ce paradoxe profond n'est pas une des moindres marques de la vérité du christianisme.

1. Cf. bibliographie.

En groupant des remarques souvent éparses à travers les *Pensées*, nous avons tenté d'en dégager les principaux thèmes : condition humaine, foi, vérité du christianisme. Mais il est évident que l'argumentation pascalienne, autant qu'on puisse retracer la fameuse conférence de Port-Royal, était plus complexe et plus souple. Elle relève d'une rhétorique qui commande non seulement le mouvement général de l'œuvre, mais encore sa langue et son style.

RHÉTORIQUE ET ESTHÉTIQUE

« Il y a deux entrées par où les opinions sont reçues dans l'âme, nous dit Pascal, l'entendement et la volonté. » Et encore : « L'art de persuader consiste autant en celui d'agréer qu'en celui de convaincre. »

- *Convaincre...*

Convaincre, c'est influencer l'entendement, nous dirions aujourd'hui l'intelligence. Et l'entendement comprend la raison et « le cœur ». La raison, s'apparentant à « l'esprit de géométrie », sera sensible à un exposé méthodique et progressif qui, à partir de définitions précises, tire par déduction rigoureuse des vérités générales. Mais l'analyse mathématique ne peut saisir toute la complexité des phénomènes humains. Par exemple, « on ne prouve pas qu'on doit être aimé en exposant d'ordre les causes de l'amour, cela serait ridicule » (283). C'est alors qu'intervient le cœur. Étant essentiellement « esprit de finesse », c'est-à-dire intuition immédiate de la vérité, il sera sensible non plus à un ordre méthodique, mais à un ordre digressif et convergent : « Le cœur a son ordre, l'esprit a le sien, qui est par principe et démonstration. L'ordre du cœur (...) consiste principalement à la digression sur chaque point qu'on rapporte à la fin pour la montrer toujours » (283). Cependant, s'ils sont distincts, esprit de géométrie et esprit de finesse, ordre déductif et ordre de convergence ne s'opposent pas : ils peuvent au contraire se compléter pour rendre le raisonnement plus probant.

• ... et agréer

Quant à l'art d'agréer, seconde forme de la persuasion, il s'adresse non plus à l'entendement, mais à la volonté. « L'éloquence, précise Pascal, est un art de dire les choses de telle façon :
1. que ceux à qui l'on parle peuvent les entendre sans peine et avec plaisir;
2. qu'ils s'y sentent intéressés en sorte que l'amour-propre les porte à y faire réflexion » (15). Agréer consiste donc à plaire et à intéresser.

On plaira à trois conditions. D'abord en se mettant à la portée de l'interlocuteur par « une correspondance que l'on tâche d'établir entre l'esprit et le cœur de ceux à qui l'on parle et de l'autre les pensées et les expressions dont on se sert » (16). Puis en reconnaissant la valeur de l'adversaire : « Quand on veut montrer à un autre qu'il se trompe, il faut observer de quel côté il envisage la chose, car elle est vraie ordinairement de ce côté-là, et lui avouer cette vérité, mais lui découvrir le côté par où elle est fausse » (9). Enfin et surtout on plaira par la simplicité, en s'opposant notamment au maniérisme des précieux et au pédantisme des spécialistes : « Les gens universels ne veulent point d'enseigne [1] » (34).

Intéresser est encore plus important que plaire : « Ce n'est pas assez qu'une chose soit belle, il faut qu'elle soit propre au sujet » (16). « Il faut de l'agréable et du réel, mais il faut que cet agréable soit lui-même près du vrai » (25). Mais à quoi reconnaîtrons-nous la vérité des propos qui nous sont tenus ? D'abord à leur conformité à notre expérience personnelle car

---

1. Éloge de la culture générale. « L'honnête homme » a des connaissances de tout mais ne se vante d'aucun savoir particulier.

le vrai nous révèle à nous-même : « Quand un discours naturel peint une passion ou un effet, on trouve dans soi-même la vérité de ce qu'on entend, laquelle on ne savait pas qu'elle y fût » (14). Ensuite la vérité d'un discours nous apparaîtra dans sa conformité avec « un modèle naturel qu'il faut imiter » (33). Par exemple nous avons tous en nous l'idée ou l'image du naturel poétique ou du naturel féminin, de sorte que devant un sonnet précieux, « qui s'imagine une femme sur ce modèle-là, verra une jolie demoiselle toute pleine de miroirs et de chaînes, dont il rira » (33). L'art d'agréer est donc des plus subtils. D'ailleurs s'il dépend d'une harmonie entre notre caractère et ce qui nous plaît, nous nous trouvons devant une double difficulté. D'une part les hommes obéissent à des ressorts invisibles, d'autre part le plaisir est subjectif et exclusif. Et Pascal de reconnaître que l'art d'agréer est un domaine « tellement disproportionné » qu'il ne peut être l'objet de règles absolues.

Telle est ce qu'on a appelé la rhétorique de Pascal. Idéal de « l'honnête homme », antithèse du pédant et du fat, elle prône la simplicité et la vérité dans ce qu'elle a d'universel et de conforme à la nature. Bref, elle annonce, avec moins de dogmatisme sans doute et plus de nuances, l'esthétique classique telle qu'elle s'affirmera sous le règne de Louis XIV. Il nous reste maintenant à voir comment Pascal a appliqué ces principes de l'art de persuader dans son œuvre.

L'ARGUMENTATION

• *Entendement et volonté*

Persuader, c'est agir sur l'entendement et la volonté. « Il faut commencer par montrer que la religion n'est point contraire à la raison ; vénérable, parce qu'elle a bien connu l'homme. La rendre ensuite aimable, faire souhaiter aux bons qu'elle fût vraie » (187).
Cette indication, jointe à la disposition de la table des matières en deux colonnes [1] et aux remarques des *Pen-*

1. Cf. p. 13.

sées 60 [1], 433 et 585 [2], nous donne le fil directeur de la démonstration pascalienne.

Liasses	
I	- Préambule : indication des deux parties.

II à X	- Étude psychologique :
	« Première partie : Misère de l'homme sans Dieu » (60)
	a) au plan de la connaissance :
	    = « duplicité » de la nature et de la condition humaines : bassesse et grandeur.
	    ex. : L'IMAGINATION (II), L'ENNUI (IV);
	b) au plan de l'action :
	    = incapacité de l'homme d'accéder par lui-même au « Souverain Bien », union de la vertu et du bonheur.
	    ex. : LE DIVERTISSEMENT (VIII).
	- Transition : le « gouffre infini » de l'âme humaine ne peut être rempli que par un « objet infini ».

XI	- 2e Préambule : Pour être vraie une religion doit expliquer nos « contrariétés ». - Étude théologique :

XII à XXVII	« Deuxième partie : Félicité de l'homme avec Dieu » (60).
	
	A. Preuves morales
	a) au plan de la connaissance :
	    I. « La religion n'est point contraire à la raison » (187) :
	        SOUMISSION ET USAGE DE LA RAISON (XIII),
	        LE PARI [3].
	    II. « La religion est vénérable parce qu'elle a bien connu l'homme » (187).
	        La connaissance de Jésus, Dieu et homme, rend compte de notre grandeur et de notre misère.
	        Cette connaissance requiert l'humilité de l'esprit :
	        LES DEUX INFINIS (XV),
	        LE ROSEAU PENSANT (XV).
	b) au plan de l'action :
	    « La religion est aimable parce qu'elle promet le vrai bien » (187).
	    Elle conduit à Dieu par Jésus-Christ (XVII).
	- Transition : la religion apparaît comme crédible (cf. « faire souhaiter que la religion fût vraie, et puis montrer qu'elle est vraie » (187).
	
	B. Preuves historiques
	- Dieu unit la clarté à l'obscurité :
	  LE DIEU CACHÉ (XVIII).
	- Il se manifeste par « signes » : prophéties, miracles sensibles au « cœur » plus qu'à la raison (XIX),
	  l'Ancien Testament « figure » le Nouveau (XX à XXII).
	- Annonces de Jésus-Christ
	  LES TROIS ORDRES (XXIII), LA RÉSURRECTION, LES PROPHÉTIES (XXIV, XXV).
	
	C. Vers le « Souverain Bien »
	- « nul n'est heureux comme un vrai chrétien » (XXVI).
	- « un corps plein de membres pensants » (XXVI) = le corps mystique.
	- « qu'il y a loin de la connaissance de Dieu à l'aimer » (XXVII).
	  La foi implique la charité.

1. Cf. p. 38.
2. Cf. p. 52.
3. « Le Pari » est extérieur aux notes classées par Pascal. Peut-être eût-il figuré ici.

Pascal part donc de la considération de la nature humaine, de ses contradictions et de ses besoins. Il s'agit d'abord de disposer l'incroyant à entendre la preuve, de le tirer de sa négligence en une affaire où il joue « son éternité et son tout », de l'amener à chercher la vérité. Art d'ébranler l'âme, action sur la volonté qui précède les preuves, lesquelles agissent ensuite sur l'entendement.

• *Esprit de géométrie* [1]

Cette démonstration, nous l'avons vu, repose sur un diptyque : « Première partie : misère de l'homme sans Dieu. Deuxième partie : félicité de l'homme avec Dieu » (60). C'est le triomphe de l'esprit de géométrie. Mêmes remarques d'ailleurs à propos des arguments particuliers — Dans le Pari, Pascal fait appel à la logique d'un libertin positif et pratique — A propos du Divertissement, il monte une expérience à la manière d'un physicien : il prend des exemples précis : le petit joueur, le chasseur, le courtisan en disgrâce ; il procède par déduction :

1. Fait d'observation : l'agitation humaine.

2. Recherche de la cause : impossibilité de rester dans une chambre.

3. Recherche de la raison profonde : incapacité de réfléchir à notre condition ; enfin il étudie les relations de cause à effet, supposant tantôt qu'on accorde, tantôt qu'on supprime l'objet qui nous divertit. L'hypothèse ainsi vérifiée par les faits prend force de loi — Dans l'évocation des Deux infinis c'est un mathématicien qui apparaît. Il recourt aux définitions du géomètre : « C'est une sphère dont le centre est partout, la circonférence nulle part », aux notions de relativité : « un néant à l'égard de l'infini, un tout à l'égard du néant, un milieu entre rien et tout », aux grandeurs inversement proportionnelles : « l'immensité (...) de la nature dans ce raccourci d'atome ». Dans tous ces exemples qui parle, sinon l'homme de science ?

---

1. M. Jean Mesnard distingue :
l'esprit de géométrie = distinction claire des définitions. L'esprit de justesse = rigueur de la déduction à partir de ces principes. L'esprit de finesse = intuition, même de ce qui n'est pas rationnel.

- *Esprit de finesse*

Mais à l'esprit de géométrie Pascal unit l'esprit de finesse. Il se garde de vues si simples qu'elles deviennent simplistes. Loin d'opposer au noir tableau de la condition humaine la peinture idyllique de l'homme avec Dieu, il montre que même sans Dieu l'homme ne laisse pas d'être grand, et inversement il ne cache rien des exigences et des responsabilités de la foi. Nul n'a mieux dégagé que Pascal les apparents paradoxes du « roseau pensant » puisque notre grandeur se tire de notre misère et que notre misère provient de notre grandeur. Nul n'a mieux opposé pour concilier : « On ne montre pas sa grandeur pour être à une extrémité, mais bien en touchant les deux à la fois et en remplissant tout l'entre-deux » (353).

Pascal fait aussi appel à l'ordre du cœur, à la méthode digressive, reprenant à plusieurs reprises le même argument pour l'approfondir chaque fois davantage, comme la vague qui revient et pousse toujours plus loin. C'est ainsi que nous trouvons dans les liasses 6 et 15 le thème de la faiblesse et de la grandeur humaines, dans les liasses 10 et 26 le thème du vrai bien, dans les liasses 10 et 15 le thème de l'aspiration à l'infini, dans les liasses 12 et 27 le thème des limites de la raison.

Simple et complexe, puissante et souple, l'argumentation pascalienne sollicite également l'intelligence et la sensibilité.

L'ÉCRIVAIN

- « *On s'attendait de voir un auteur, et on trouve un homme* » (29)

Dans la mesure où les *Pensées* ont un caractère apologétique, la langue et le style de Pascal relèvent de l'art de persuader et plus précisément de l'art d'« agréer » qui consiste, nous l'avons vu, à intéresser et à plaire. Toutefois la valeur littéraire de l'œuvre ne se réduit pas à l'application de certaines règles, à une simple technique, si personnelles qu'elle soit. En effet les notations de premier jet, brèves, fulgurantes, abondent. Et même dans les développements les plus élaborés - les Deux infinis, le Divertissement, les Trois ordres - ratures et surcharges, visibles sur le manuscrit, n'ont point tari mais seulement canalisé la force explosive de l'inspiration. Ce jaillissement d'ailleurs est particulièrement sensible dans le Mémorial et le Mystère de Jésus qui touchent à la confidence et à la prière. Ainsi les *Pensées* sont à l'image de l'homme qui les a écrites : elles unissent la passion et la réflexion.

• *Éloquence*

Pascal raille sans ménagement orateurs et versificateurs de métier : « toutes les fausses beautés que nous blâmons en Cicéron » (31) - « Poète, et non honnête homme » (38). Toutefois il n'ignore ni « l'agrément » de « la beauté poétique » (33), ni « la vraie éloquence (qui) se moque de l'éloquence » (4).

Or incontestablement la première qualité littéraire des *Pensées* est d'être éloquentes. Elles sont un discours, une parole directe, monologue et parfois dialogue où tantôt conversent et tantôt s'affrontent Pascal, le croyant, et son adversaire, le libertin. Cette ardeur à convaincre et à combattre recourt à toute la gamme des figures oratoires : interrogations, apostrophes, exclamations, sentences lapidaires ou larges envolées, mais jamais elle ne tombe dans les facilités d'une rhétorique verbeuse et emphatique. En effet l'éloquence pascalienne a trois qualités. Elle est profonde, animée de l'intérieur, docile à toutes les impulsions de la sensibilité. D'où une grande variété de tons. Souvent magistrale : « Que l'homme contemple la nature entière (...) qu'il éloigne sa vue des objets bas (...) qu'il regarde cette éclatante lumière (...). Je veux lui faire voir, etc. » (72). Impérieuse et même impatiente : « Humiliez-vous, raison impuissante. Taisez-vous, nature imbécile (...) écoutez Dieu ! » (434). Ironique : « On a fondé et tiré de la concupiscence des règles admirables de police, de morale et de justice » (453). Mais aussi compatissante et fraternelle : « C'est une chose horrible de sentir s'écrouler tout ce qu'on possède » (212). « Nous courons sans souci dans le précipice, après que nous avons mis quelque chose devant nous pour nous empêcher de le voir » (183).

En second lieu, l'éloquence de Pascal est souple et hardie. Une phrase comme celle-ci caractérise assez bien sa manière : « Un homme dans un cachot, ne sachant si son arrêt est donné, n'ayant plus qu'une heure pour l'apprendre, cette heure suffisant, s'il sait qu'il est donné, pour le faire révoquer, il est

contre nature qu'il emploie cette heure (...) à jouer au piquet »
(200). Non seulement Pascal juxtapose les idées en même
temps qu'il les enchaîne, mais encore l'anacoluthe [1] initiale
brise l'ordre logique afin de provoquer la surprise finale.
Souvent même une telle rupture est renforcée par des expressions symétriques, comme les mots « nez » et « face » dans la
célèbre remarque : « Le nez de Cléopâtre, s'il eût été plus
court, toute la face de la terre aurait changé » (162). De là
encore ces brusques renversements du pour ou contre, chers
à la dialectique pascalienne : « vérité en deçà des Pyrénées,
erreur au-delà » (294). « S'il se vante, je l'abaisse. S'il s'abaisse,
je le vante et le contredis toujours » (420).

Enfin l'éloquence des *Pensées* est concrète. Point
d'abstractions. Pascal ne prouve rien qui ne repose sur des
faits, des scènes vécues, des personnages bien vivants. Voici
les sexes et les âges : hommes, femmes, vieillards, enfants.
Voici les professions et les conditions sociales : crocheteurs,
cordonniers, soldats, moines, bel esprit et précieuse, chance-
lier, jusqu'au roi lui-même. Voici les divertissements : la
chasse, le bal, le jeu de paume, les jeux de cartes et d'argent.
C'est tout un tableau du temps de Louis XIII que Pascal
esquisse à grands traits. Peu de couleurs d'ailleurs, plutôt
l'attitude, le geste, la parole typiques. Ainsi ces croquis inou-
bliables des juges avec « leurs robes rouges, leurs hermines
dont ils s'emmaillotent en chats fourrés »; des médecins avec
« des soutanes et des mules »; des docteurs, c'est-à-dire des
professeurs, avec « des bonnets carrés et des robes trop amples
de quatre parties » (82). Lecteur de Montaigne, Pascal, a, lui
aussi, puisé dans « le grand livre du monde ».

• *Poésie*

Ce pittoresque ouvre la voie au poète, car il n'y a point de
poésie sans images. Pascal est d'abord un dramaturge. Non
content de décrire physiquement ses personnages, il les fait
vivre, protagonistes d'une brève comédie - comme celle de ce
grave et pieux magistrat qu'un prédicateur de talent, mais par

1. Rupture de construction.

hasard « enroué », « mal rasé » et « barbouillé », ne pourra empêcher de pouffer de rire en plein sermon -, protagonistes de véritables tragédies, poignantes dans leur laconisme : « Pourquoi me tuez-vous ? - Eh quoi, ne demeurez-vous pas de l'autre côté de l'eau ! » (293).

Poète, Pascal l'est aussi lorsque, dépassant l'observation du réel, il le recrée en quelque sorte par son imagination. C'est d'abord la réalité extérieure qu'il transfigure : ainsi l'examen d'un insecte minuscule, un ciron, lui découvre paradoxalement l'infiniment grand à travers l'infiniment petit : « Que l'homme y voie une infinité d'univers dont chacun a son firmament, ses planètes, sa terre (...) dans cette terre des animaux, et enfin des cirons » (72). Mais la création poétique apparaît plus encore dans la transfiguration de la réalité intérieure. De nos facultés intellectuelles et de nos passions Pascal fait non de froides allégories, mais les personnages de la comédie humaine : « La raison a beau crier », elle ne peut rien contre l'imagination, « cette superbe puissance qui se plaît à la contrôler et à la dominer », qui « a ses heureux, ses malheureux, ses sains, ses malades, ses riches, ses pauvres, ses fous et ses sages » (82).

Du monde moral le passage est aisé à l'aventure humaine. Tantôt le réalisme est saisissant : « Qu'on s'imagine un nombre d'hommes dans les chaînes et tous condamnés à la mort, dont les uns (sont) chaque jour égorgés à la vue des autres » (193). « Le dernier acte est sanglant (...) on jette enfin de la terre sur la tête, et en voilà pour jamais » (210). Tantôt comparaisons et métaphores s'élèvent à une vision d'apocalypse : à travers « le silence éternel des espaces infinis » (693), à travers des « ténèbres impénétrables », « nous voguons sur un milieu vaste, toujours incertains et flottants (...) quelque terme où nous pensions nous attacher (...) il échappe à nos prises, nous glisse et fuit d'une fuite éternelle ». Image horizontale, si l'on peut dire, à laquelle répond une image verticale non moins étonnante : « Nous brûlons d'édifier une tour qui s'élève à l'infini, mais tout notre fondement craque, et la terre s'ouvre jusqu'aux abîmes » (72).

Point de poésie sans images, point de poésie non plus sans musique. Le poète chante son âme : son bonheur, mais aussi sa souffrance. Le moi n'est haïssable que s'il est manifestation d'égoïsme. Pascal ne s'interdit pas de dire « je », de laisser libre cours à des sentiments généreux. De ces effusions, le Mémorial et le Mystère de Jésus représentent le plus haut degré. Ravissement, expérience mystique, dira-t-on, qui échappent à toute littérature. Sans doute, c'est même la raison pour laquelle Pascal en gardait le secret, mais les passages ne manquent pas dans les *Pensées* où vibre la même incantation. L'extraordinaire évocation des trois fleuves de Babylone (458) résonne comme un cri d'espérance entremêlé de sanglots. Et avec les Trois ordres (cf. 793), avec la glorification finale de la charité, Pascal ne nous a-t-il pas donné son hymne à la joie ?

Ce qui distingue le chant du discours, la poésie de l'éloquence, c'est l'eurythmie et l'euphonie. Pascal a précisément un sens très vif du rythme. Il le doit en partie à la Bible dont les psaumes, comme l'a prouvé Jean Steinmann [1], lui ont révélé le verset, le parallélisme et la litanie. Le verset est une unité rythmique plus ample que le vers, souple phrase de prose dont les successives modulations s'écrivent ligne après ligne. Il arrivait d'ailleurs à Pascal d'adopter cette disposition graphique. Voici par exemple le début du fragment 131 d'après le manuscrit des *Pensées* :

> Ennui
> Rien n'est si insupportable
> à l'homme que d'être
> dans un plein repos
> sans passion, sans affaire,
> sans divertissement, sans application.

Comme la version imprimée, hélas, est loin de rendre cette respiration de l'âme !

Quant au parallélisme, il correspond au génie antithétique de la pensée sémitique [2]. Il montre à la fois la face et le revers de l'idée, en donne une définition positive et une définition négative. Procédé oratoire, certes, mais qui, répété, crée une cadence et une harmonie. Ainsi de cette description de l'homme : « Imbécile ver de terre, dépositaire du vrai ; cloaque d'incertitude et d'erreur, gloire et rebut de l'univers » (434). Enfin, amplifiez cette répétition, et vous obtiendrez la litanie :

---

1. Cf. bibliographie.
2. C'est-à-dire du peuple juif.

« Le Dieu d'Abraham est un Dieu (...), c'est un Dieu (...), c'est un Dieu qui (...) » (556). « Tous les corps ensemble et tous les esprits ensemble (...); de tous les corps ensemble (...) de tous les esprits... » (793). Elle constitue un refrain, mais un refrain qui est progression, qui permet à la fois à la pensée de se préciser et de s'approfondir et au sentiment de s'élever par paliers jusqu'à son point culminant. Elle les organise autour d'un thème - le mot « dormir » dans le Mystère de Jésus, le mot « grandeur » dans les Trois ordres - qui est véritablement symphonique.

Pascal ne s'inspire pas seulement de l'Ancien Testament, mais aussi du génie gréco-latin, notamment dans l'emploi de la période. De ce large mouvement qui ordonne d'abord les données de l'énoncé puis en introduit la résultante pour ramener l'attention au point de départ, Pascal tire des effets plus mélodiques qu'oratoires : « En voyant l'aveuglement et la misère de l'homme, en regardant tout l'univers muet (...) j'entre en effroi » (693). Les orgues de Bossuet ne retentiront pas d'accents plus solennels. Et dans le fragment déjà cité sur la captivité de Babylone [1], des images bibliques : « fleuves de feu », « porches de la Sainte Hierusalem » s'unissent, disait Charles du Bos, à « la lourde volute contrite d'un adagio des derniers quatuors de Beethoven ». On voit combien l'imitation pascalienne reste libre et originale.

Chez Pascal, comme chez tous les grands musiciens, qualité des rythmes et qualité des sons ne sont pas séparables. Ici encore les exemples précédents méritent d'être repris de ce point de vue. Lorsque nous lisons : « Tout notre fondement craque et la terre s'ouvre jusqu'aux abîmes », notre oreille ne perçoit que le roulement des R et l'assourdissement des voyelles. Mais l'acuité du vocalisme et le sifflement des consonnes ne suffisent pas à expliquer tout le charme d'une phrase comme : « Il échappe à nos prises, nous glisse et fuit d'une fuite éternelle »; il y faut ajouter des effets rythmiques dus aux sonorités mêmes : assonance des quatre i, reprise du verbe par un complément de même racine, sans compter la cadence 2/2/3/3 créée par les accents toniques. De là des

---

1. Pascal s'inspire d'un texte de Saint Augustin sur les trois « Libido ».

harmonies imitatives qui, renforçant les mots proprement descriptifs, évoquent admirablement un fracas, un gouffre béant, une dérobade vertigineuse. Enfin, art des clausules [1], - « jusqu'aux abîmes », « ... d'une fuite éternelle », - la phrase s'achève mais non l'idée ou le sentiment qui se prolongent en une sorte de clair-obscur ou d'écho assourdi. Évocation ! N'est-ce pas la vertu de toute poésie ?

● *Classicisme*

Poète dramatique, épique, lyrique, capable de communier avec l'effroi de l'homme perdu dans le cosmos ou de s'abandonner au ravissement du feu divin, Pascal, selon le mot de René Pintard, nous fait « sentir la palpitation des romantismes éternels » [2].

Cependant par la simplicité générale de son vocabulaire, langage d'« honnête homme » qui n'a pas d'enseigne ; par le naturel, la juste appropriation du ton aux divers mouvements de la sensibilité ; par la subordination de l'imagination à l'idée comme une traduction symbolique de la pensée ; par l'absence de pathos ; par la mesure au contraire et la discrétion des accents les plus intimes ; enfin par le triple équilibre de la réflexion et de la spontanéité, de l'abstrait et du concret, de la précision et de la suggestion, Pascal est avant tout un écrivain classique.

1. Dernier membre d'une strophe, d'une période oratoire, d'un vers.
2. In *Pascal, Textes du tricentenaire*, Ed. Fayard, 1962.

Si l'écrivain est unanimement admiré, il n'en va pas de même pour le penseur dont on a plus d'une fois mis en doute l'orthodoxie et l'originalité, non plus que pour l'homme dont on a suspecté l'équilibre mental et le rayonnement humain.

FAUT-IL BRULER PASCAL ?

Naguère encore il ne manquait pas de bonnes âmes pour se voiler la face, au seul nom de Pascal : « Le jansénisme est une hérésie, or Pascal est janséniste, donc Pascal... » Irons-nous jusqu'au bout de ce syllogisme ?

Quand parut, sous un pseudonyme, la XVIIe *Provinciale*, son auteur précisa : « Je ne suis pas de Port-Royal. » Certes Pascal n'a jamais fait partie de cette poignée d'hommes retirés dans la vallée de Chevreuse, et sa déclaration visait précisément à écarter des « Solitaires » les recherches de la police qui soupçonnait le rédacteur inconnu des *Petites Lettres* de se trouver parmi eux.

Cependant Pascal était effectivement de leurs amis, puisqu'il leur prêtait sa plume pour défendre leur cause. Cette cause il s'y était intéressé dès sa vingt-troisième année, à Rouen, quand de pieux médecins jansénistes, appelés au chevet de son père, avaient initié toute la famille Pascal à leur foi.

De retour à Paris, Blaise était aussitôt entré en relations avec Port-Royal dont le monastère avait évidemment été gagné à la doctrine jansénienne par son aumônier, Saint-Cyran, et où Jacqueline devait bientôt entrer comme religieuse. Enfin l'on sait avec quelle intransigeance le frère et la sœur s'opposèrent à la signature du *Formulaire* qui dénonçait dans l'*Augustinus* cinq « propositions » jugées hérétiques. Pascal est donc bien janséniste de cœur.

Néanmoins n'oublions pas que le mouvement janséniste se prolonge jusqu'à la fin du XVIIᵉ siècle. Aussi y-a-t-il jansénisme et jansénisme : celui des fondateurs, Jansénius et Saint-Cyran ; celui des Port-Royalistes : Arnauld et Nicole ; celui de Pascal ; plus tard celui de Quesnel, puis celui des « appelants » de la Bulle Unigenitus [1], etc. Théologique et presque mystique au départ, le jansénisme commence à s'éloigner de l'augustinisme à la fin du XVIIᵉ siècle, pour se dégrader en combat politique ; passionné toujours et dans les derniers temps fanatique.

Laissons de côté les aspects que Pascal, mort en 1662, n'a pu connaître. Il apparaît, au dire des experts [2], qu'autour des années 1650-1660, le jansénisme n'est plus la doctrine « rigide et archaïsante » de Jansénius qui, sous l'influence de Michel de Bay, un autre théologien de Louvain, proche du calvinisme, aurait dans l'*Augustinus* monté en épingle les thèses les plus sévères de Saint Augustin : celles où ce dernier pourfend l'anthropocentrisme de Pélage.

A Port-Royal où l'on récuse le nom de « janséniste » pour n'accepter que celui d' « augustinien », la théologie, la spiritualité, la liturgie sont bien, comme l'a montré Jean Laporte [3], dans la ligne de Saint Augustin. Et Pascal, bien qu'inflexible, contrairement à Arnauld, à l'égard d'un accommodement avec la Sorbonne, manifeste cependant plus de nuances qu'on ne l'a dit. C'est ainsi que dans les *Écrits sur la grâce* (1659), contemporains de la rédaction des *Pensées*, il enlève, selon les termes de Pierre Nicole lui-même, « un certain air farouche » à la doctrine jansénienne. « Il précise que chaque homme est tenu de considérer qu'il fait partie du nombre des élus, que si les justes n'ont jamais l'assurance de persévérer, il est cependant très rare que Dieu leur retire sa grâce. Enfin, puisque l'homme doit le salut à ses mérites, il n'est pas dispensé d'effort : pratiquement tout se passe comme s'il agissait seul (...) Les citations choisies éclairent et justifient à la fois sa doctrine ; citations empruntées non

1. Les *Réflexions morales* du P. Quesnel furent condamnées en 1713 par la Bulle Unigenitus.
2. Cf. Abbé Cognet, *Le jansénisme*, Que sais-je ?
3. Cf. bibliographie.

seulement à l'Écriture et aux anciens Pères, mais encore à la tradition récente de Saint Thomas et du Concile de Trente, afin de montrer que la doctrine de la grâce efficace exprime la pensée constante de l'Église » (Jean Mesnard [1]).

Bien plus, après *Les Provinciales*, Pascal n'hésitera pas à montrer éventuellement son indépendance à l'égard de ses amis jansénistes : « S'il y a jamais eu un temps auquel on doive faire profession de deux contraires, c'est quand on reproche qu'on en omet un - Donc les Jésuites et les Jansénistes ont tort en les celant, mais le Jansénisme plus, car les Jésuites ont mieux fait profession des deux » (*Pensées*, no 865).

Voilà certes qui plaide en faveur de Pascal. Restent néanmoins les cinq fameuses « propositions » taxées d'hérésie, et notamment la dernière : « Il y a une erreur semipélagienne à dire que le Christ est mort et a versé son sang pour tous les hommes. »

Les Port-Royalistes reconnaissaient en droit l'erreur d'une telle affirmation, mais ils niaient en fait sa présence dans l'*Augustinus*. Avaient-ils raison ?

De nos jours, Mgr Calvet, recteur de l'Institut Catholique, déclare que les quatre premières « propositions » ne sont pas dans Jansénius, mais que la cinquième s'y trouve effectivement.

Ici encore la pensée de Pascal est plus nuancée : reprenant la distinction entre le fait et le droit, il dit non que le Christ est mort pour les seuls élus, mais qu'il a offert sa vie pour tous les hommes, tout en ne voulant absolument et efficacement sauver que les élus (781).

Subtilités, dira-t-on! Encore faut-il remarquer avec M. Philippe Sellier que la doctrine de Saint Augustin lui-même est sur ce point quelque peu hésitante [2].

Ainsi, aux yeux de Pascal, comme des Port-Royalistes, la cinquième proposition n'est ni dans Saint Augustin ni, par suite, dans Jansénius. La bonne foi des protestataires est indéniable, et peut-être n'avaient-ils par tort de prétendre que le jansénisme n'était une hérésie que dans l'imagination de ses adversaires.

1. In *Pascal, l'hommme et l'œuvre*, éd. Hatier.
2. Ph. Sellier, *Pascal et Saint Augustin*, p. 273, 289, 292.

PASCAL EST-IL NOVATEUR ?

Si la fidélité de l'auteur des *Pensées* à l'augustinisme est garante de son orthodoxie, ne peut-on penser qu'en revanche elle nuit à son originalité ?

Aussi une récente histoire de la philosophie [1] élimine-t-elle radicalement Pascal sous prétexte que celui-ci ne fait que reprendre avec plus de talent les arguments habituels à l'apologétique médiévale.

Assurément, il y a des sources de Pascal, profanes et plus souvent religieuses. Pascal est nourri de Montaigne dont il se souvient pour dépeindre la « misère » de l'homme et notamment les méfaits de l'imagination. De Descartes il retient la distinction entre le corps, l'étendue et la pensée, la théorie de l'animal machine [2], et surtout la méthode géométrique. Dans le domaine religieux on trouverait chez maints apologistes mineurs du XVIᵉ et du XVIIᵉ siècles des arguments apparemment pascaliens : critique du stoïcisme par la faiblesse de l'homme, et du scepticisme par la possibilité d'accéder à certaines vérités ; avantage à parier pour Dieu ; importance des prophéties et des miracles.

Plus importants sont les penseurs port-royalistes (Arnauld, Nicole...) qui s'inspirent eux-mêmes de Jansénius et de Saint Augustin. Pascal partage leur conception de l'histoire qui n'est point mouvement, progrès, mais vérité immuable donnée une fois pour toutes par la Révélation ; leur conception de l'homme fondée sur l'opposition entre la Chute et la Rédemption, la nature et la grâce, la liberté et la prédestination ; leur conception de la foi, « sensible au cœur » sans rejeter la raison. Enfin il n'est aucune idée de Pascal qui n'ait été repensée à la lumière de la Bible.

Cependant l'imitation pascalienne n'a rien d'un esclavage. Il prend en effet ses distances à l'égard de Montaigne « qui ne pense qu'à mourir mollement et lâchement par tout son livre » (63), comme à l'égard de Descartes

1. Publiée sous la direction de François Châtelet.
2. Jean Mesnard, *Pascal, l'homme et l'œuvre*, op. cit.

« inutile et incertain » (78) dès qu'il s'aventure dans des constructions métaphysiques. Quant aux sources religieuses, « sans doute est-il possible à l'aide de morceaux empruntés à une cinquantaine d'ouvrages de reconstituer une Apologie (...) mais replaçons chaque passage dans son contexte, il perd tout accent pascalien [1] ».

Du reste, Pascal n'a pas davantage consulté les obscurs apologistes de son temps qu'il n'a lu les libres penseurs acharnés à démontrer l'inexistence de Dieu.

Pascal n'entend se référer qu'aux maîtres, car la foi, contrairement à la science, repose sur l'autorité, tire sa vérité de la tradition. Or quel maître plus éminent et plus sûr qu'Augustin ? M. Philippe Sellier a montré l'influence capitale de ce dernier : « Le Dieu caché, la prééminence de la volonté, la place de la raison, l'utilité de la rhétorique : tous ces thèmes ont été développés par l'évêque d'Hippone avant d'être repris, précisés, exprimés plus fortement par son disciple [2]. »

Quel est au juste l'apport de Pascal ? D'abord la souplesse de l'argumentation et l'accent si personnel que donne à son éloquence une vie spirituelle authentique et ardente. Puis l'alliance de l'esprit scientifique, « géométrique », à la réflexion théologique : ainsi, au lieu de déduire la misère de l'homme de la chute originelle, part-il des faits, de la dure condition humaine, pour vérifier le dogme. Plus moderne encore dans ses analyses de l'imagination, de l'ennui, du divertissement, décelant nos réflexes, nos automatismes comme nos ressorts les plus secrets, n'annonce-t-il pas le structuralisme et la psychanalyse ? Enfin, sur le fond même, il nuance au besoin la pensée augustinienne, ainsi que nous l'avons vu à propos des « petites grâces », prélude à la grâce efficace [3].

Fidélité de Pascal, mais fidélité entièrement originale. « Pascal constitue l'un des exemples les plus frappants de ce que « l'innutrition », réclamée par Du Bellay, apporte de puissance au génie [4]. »

1. Jean Mesnard, op. cit.
2. et 4. Ph. Sellier, *Pascal et Saint Augustin*, op. cit.
3. Cf. supra p. 42.

L'ANXIÉTÉ DE PASCAL

Incontestablement Pascal est un génie tourmenté. « Fou sublime », dira Voltaire, tempérament instable attiré tantôt par le monde et tantôt par l'ascétisme, imagination perpétuellement hantée, depuis certain accident de jeunesse survenu au pont de Neuilly, par la peur de tomber dans un abîme [1].

Autre image au début du XIXe siècle : Chateaubriand, puis Victor Cousin voient dans Pascal cet homme dont parlent les *Pensées* qui voudrait mais ne peut croire et sans trêve « cherche en gémissant ». Fait curieux, cette idée a été récemment reprise par Lucien Goldmann [2] avec des arguments nouveaux : puisque de l'aveu même de Pacal la seule raison humaine est impuissante à prouver l'existence comme l'inexistence de Dieu, l'auteur du Pari est condamné à osciller entre la certitude et l'incertitude, à parier sans cesse.

De là à considérer Pascal comme un précurseur de l'existentialisme moderne il n'y a pas loin. Même goût du risque en effet et même exigence d'authenticité : « Jouer sa vie, l'engager à fonds perdu dans un jeu qui est la suprême épreuve de notre liberté » (Gilberte Ronnet [3]) ; même sentiment de responsabilité, voire de culpabilité [4] ; surtout même vision de « la condition humaine » vouée à la finitude, à la contingence, à l'incompréhension, à la solitude, et à cette « nausée » avant la lettre qu'est l'ennui pascalien. Pascal est-il bien ce névrosé, ce sceptique, ou ce désespéré ?

Fondée sur un témoignage anonyme et tardif, la thèse voltairienne de l'hallucination n'a pratiquement plus cours aujourd'hui. Certes Pascal fut, et de plus en plus, un grand malade, mais il souffrait de troubles uniquement physiques qui provoquaient non une exaltation nerveuse mais de longues périodes d'abattement. Nulle explication pathologique du génie dans son cas ; au contraire la rédaction des *Pensées*, nous l'avons vu, a nécessité une mobilisation héroïque de toutes les forces vives de Pascal contre la souffrance.

Quant au penseur rongé par le doute, ce portrait a pu séduire des imaginations romantiques, mais il n'offre pas plus

1. Cf. Baudelaire, « Le gouffre », *Fleurs du Mal*.
2. Cf. bibliographie.
3. *Pascal et l'homme moderne*, Nizet, 1963.
4. Cf. *La chute* de Camus.

de vraisemblance. Le Pari ne saurait constituer la pièce maîtresse de l'apologétique des *Pensées*. Du reste Pascal, fidèle à son éducation chrétienne, n'a jamais eu à « parier ». Ses « conversions » - le mot est de Sainte-Beuve - ne doivent pas s'entendre comme des retours successifs à la foi perdue, mais comme les étapes progressives du zèle religieux. Comment s'en étonner ? La révélation de novembre 1654 ne lui avait-elle pas apporté « certitude, certitude, sentiment, joie, paix » et rendu présent « le Dieu vivant, d'amour et de consolation » (556), sans commune mesure avec l'entité abstraite imaginée par « les philosophes et les savants » ?

Enfin, si Pascal se rattache à l'existentialisme par sa méthode qui consiste à partir de l'expérience, de l'existence, et par le sentiment de totale solitude que peut susciter la constatation d'un monde sans Dieu, il s'en écarte résolument par son ontologie [1]. Il croit en effet à une nature humaine, à une essence préétablie par une Providence dont il n'a fait que supposer l'inexistence en adoptant provisoirement le point de vue de l'incroyant. Les *Pensées* nous conduisent donc aux antipodes d'un monde absurde [2] et d'une condamnation à la liberté [3] qui ne peuvent qu'engendrer l'angoisse.

Mais alors ne faut-il pas modifier totalement notre point de vue ? Solidement établi dans une tradition spirituelle, analyste patient de l'âme humaine, apologiste méthodique, Pascal ignorerait l'effroi. Celui dont retentissent les *Pensées* n'est pas le sien, mais celui de l'incroyant à qui il prête la parole, ou du moins c'est l'effroi auquel il croit le libertin accessible. Reproche plus grave : n'y a-t-il pas quelque artifice à vouloir inspirer à autrui une crainte qu'on ne ressent pas soi-même ? Dans « cette détresse qui écrit bien [1] » Valéry se plaignait de deviner la main du styliste.

Une telle perspective n'est pas moins excessive que la première. Dénué de sens tragique, Pascal ? Qui donc parmi ses contemporains, pour peu qu'il fût au courant de l'actualité scientifique, n'avait mesuré la portée de la révolution copernicienne ? Cet univers illimité dont notre globe n'était plus le centre, où l'homme cessait d'être la mesure de toutes choses,

1. Science qui cherche les causes premières de l'être.
2. Cf. Camus, *Le mythe de Sisyphe*.
3. Cf. Sartre, *Les mouches*.
4. P. Valéry, *Variation sur une pensée de Pascal*.

avait de quoi donner le vertige. Un vertige que le libertin, « honnête homme », a pu ressentir parfois ; un vertige que l'apologiste a dû éprouver par sympathie en se mettant à la place de cet ami qu'il voudrait aider, rassurer ; un vertige enfin dont le chrétien qu'est Pascal, sujet comme tout croyant, comme les saints eux-mêmes, à des instants de doute, a été selon toute vraisemblance - nous en avons pour preuve l'accent si direct, si poignant de la pensée 693 [1] - au moins une fois pénétré personnellement.

Mais Pascal a la foi, aussi son inquiétude est-elle beaucoup moins métaphysique que morale. Pour lui le problème majeur n'est pas celui de l'existence de Dieu, mais celui du salut. Salut personnel, car Pascal a beau avoir reçu des grâces spéciales, il n'en tire aucune assurance présomptueuse. Au contraire il connaît ses propres faiblesses et appréhende les rechutes : « Le monde est encore l'objet de mes délices », note-t-il en 1659, et cet attachement lui paraît une trahison à l'égard de Jésus : « Je m'en suis séparé, je l'ai fui, je l'ai renoncé, crucifié » (Mémorial). Salut d'autrui, car Pascal frémit à la pensée que ceux qui n'ont pas la foi, surtout s'il les estime ou les aime, risquent de se perdre. Saura-t-il d'ailleurs s'unir en offrande sacrificielle avec le Christ ? « Il faut ajouter mes plaies aux siennes » (553). Ce double souci transparaîtra jusque dans ses dernières paroles : « Que Dieu ne m'abandonne jamais ! »

Mais ce Dieu, s'il est le justicier de l'Ancien Testament, est aussi l'ami affectueux du Mystère de Jésus (553). Ce que ressent Pascal, ce n'est pas la peur du gendarme, c'est la crainte de n'avoir pas un amour assez grand pour répondre à l'amour de Dieu. Tourment qui confine parfois à l'anxiété, certes, mais n'a rien de morbide, car il ne fait qu'exprimer avec une humilité et une générosité exceptionnelles cette tension entre la confiance en Dieu et le sentiment de son infinie transcendance, qui est le lot de toute foi chrétienne authentiquement vécue.

1. Cf. supra, p. 14.

POUR OU CONTRE L'HOMME ?

Dès lors par son exemple personnel autant que par l'idée qu'il se fait de la nature humaine et par le but qu'il propose à notre action, Pascal peut-il nous servir de guide ?

S'il est vrai qu'en dehors de la foi nous sommes incapables de donner le meilleur de nous-mêmes, dira-t-on avec François Mauriac que Pascal est « le seul humaniste digne de ce beau nom, le seul qui ne renie rien de l'homme [1] » ? En revanche, si du paganisme de la Renaissance à l'athéisme nietzchéen, marxiste ou sartrien, en passant par l'optimisme rationaliste du XVIIIe siècle, l'humanisme se définit par notre volonté d'être les seuls artisans de notre destin, de ne tirer notre grandeur que de nous-mêmes et pour cela de nous affranchir des illusions de la foi, faut-il avec le philosophe marxiste Henri Lefèbvre « répliquer au procès pascalien de l'homme par le procès humain de Pascal [2] » ?

- • *« Ce misanthrope sublime »*

Incontestablement Pascal se situe aux antipodes de l'humanisme de son temps. Il récuse d'abord l'humanisme profane, soit ancien, comme l'épicurisme et le stoïcisme remis en valeur depuis la Renaissance ; soit moderne, comme cette confiance nouvelle en la science dont certains prétendaient tirer une métaphysique et une morale. Mais Pascal rejette également l'humanisme dévot, comme celui des jésuites, suspect d'anthropocentrisme.

Pascal est intransigeant, absolutiste : il refuse les compromis. Pascal est passéiste, fixiste, intégriste dans sa fidélité à la tradition augustinienne - Pascal est théocentriste, car la thèse fondamentale de Saint Augustin, c'est que tout bien vient de Dieu et de Dieu seul. Si l'homme s'en montre capable, ce ne peut être que par la grâce de Dieu - Pascal est sérieux, austère, sévère : nulle concession chez lui aux plaisirs des sens, à la beauté de la nature, à la création artistique ; il manifeste une réserve toute puri-

---

1. *Pascal et Port-Royal*, 1962 (Arthème Fayard).
2. *Pascal*, « Cahier de Royaumont », 1956.

taine envers l'amour qu'il ne souffre pas de voir représenter au théâtre, même « fort chaste et fort honnête » (11) ; il n'admet pas le « culte du moi » prôné par Montaigne - Pascal semble pessimiste : ne s'oppose-t-il pas à l'optimisme des déistes, car ils suppriment le mystère de Dieu ; à l'optimisme des Molinistes, selon lesquels la bonne volonté humaine suffit à rendre la grâce efficace ; à l'optimisme de Corneille assuré que le seul sentiment de notre « gloire » peut triompher de nos passions ? - Pascal fait preuve d'une prudence pusillanime, car il ne se défie pas seulement de l'héroïsme sentimental cher à la génération de Louis XIII, mais encore de l' « honnêteté » qui sous des dehors sociables et courtois cache souvent mondanité, vanité et indifférence religieuse.

Le peuple même est sujet à caution : de peur qu'il ne se révolte, gardons-nous de lui révéler les faux-semblants dont les politiciens l'amusent - Quoi de plus contraire à l'impartialité de l'information et à la protestation contre l'injustice tenues aujourd'hui pour droits de l'homme ? - Enfin Pascal est agressif : il invective, il lance des épithètes diffamatoires : « Quelle chimère est-ce donc que l'homme ?... Imbécile ver de terre... cloaque d'incertitude et d'erreur... Humiliez-vous, raison impuissante » « Le cœur humain est creux et plein d'ordure »...

Dès lors Voltaire n'a-t-il pas raison de se faire notre champion ? « J'ose prendre le parti de l'humanité contre ce misanthrope sublime. J'ose affirmer que nous ne sommes ni si méchants ni si malheureux (...) Pascal dit éloquemment des injures au genre humain [1]. »

• *Humanité*

Non! Pascal s'indigne, mais il n'insulte pas. Voltaire était trop bon latiniste pour ignorer qu' « imbécile » signifie faible, trop fin lecteur pour ne pas remarquer que chaque critique est ici associée à un éloge : « dépositaire du vrai », « gloire de l'univers » et que la « capacité vide » du cœur humain peut s'emplir de la grâce divine - Aussi bien les

1. Voltaire, *Lettres Philosophiques*.

images réalistes de Pascal expriment-elles beaucoup moins le mépris ou le dégoût qu'une pitié, voire une compassion, sensibles dans bien des passages des *Pensées* : « La seule chose qui nous console de nos misères est le divertissement, et cependant c'est la plus grande de nos misères » (171) - Ainsi, contrairement à Alceste, Pascal ne se juge-t-il point exempt de nos erreurs, mais homme parmi les hommes, semblable aux autres.

N'est-ce pas d'ailleurs cette sympathie envers l'homme qui incline Pascal à nous peindre plus malheureux que méchants ? Point de monstres dans les *Pensées*. Nous sommes loin de Shakespeare, Racine, Sade, Balzac ou Dostoïevski. Non que Pascal ignore la perversité et la cruauté humaines : il en décèle les causes, notre égoïsme et notre orgueil, à défaut d'en décrire les effets qu'il voudrait nous épargner. Ainsi s'explique le conservatisme politique de Pascal : nul dédain envers le peuple, nul attachement à des privilèges aristocratiques ou bourgeois, mais le sincère désir d'éviter à la classe sociale la moins favorisée les horreurs de la guerre civile.

Quant à l'art, la nature, l'amitié, une *Apologie de la religion* n'offre guère l'occasion d'en parler. Pourtant, bien que la critique moderne n'attribue plus à Pascal le *Discours sur les passions de l'amour*, la délicatesse et la constance de ses affections prouvent sa sensibilité très vive.

Enfin à la profondeur du sentiment Pascal joint la largeur du jugement. Ainsi, sans accepter indifféremment toutes les opinions et toutes les attitudes, sait-il reconnaître le bien-fondé du point de vue adverse : dans l' « honnêteté » il apprécie le désir d'universalité ; dans le stoïcisme, le scepticisme, voire l'agnosticisme, une certaine affirmation du caractère [1]. Et de même qu'un grand pêcheur peut avoir l'étoffe d'un grand saint, de même nos fautes peuvent témoigner parfois en notre faveur : « Grandeur de l'homme dans sa concupiscence même d'en avoir su tirer un règlement admirable et d'en avoir fait un tableau de la charité » (402).

Plus remarquable encore est la distance que Pascal

---

1. Cf. *Pensées* 225, 391, 394.

sait prendre éventuellement à l'égard de ses propres core-ligionnaires. Nous l'avons vu renvoyer dos à dos jansénistes aussi bien que jésuites, quand les uns ou les autres ne voient qu'erreur dans le camp d'en face. Quelle évolution de la polémique des *Provinciales* à la conciliation des contraires dans les *Pensées* ! « Le clivage entre partisans et adversaires de Jansénius n'a plus de sens : ils sont les uns et les autres du côté de la vérité et leur désaccord vient de ce qu'ils ne la voient qu'en partie ». « Cette attitude est aux antipodes de l'intolérance, et c'est la seule conforme à la charité exigée par le christianisme » (Michel Le Guern [1]).

Tolérance, respect de la croyance et de la liberté d'autrui, tel est bien en effet le vœu de Pascal. En voici encore un exemple : Saint Augustin, conformément aux mœurs de son temps, ne s'opposait pas à une éventuelle conversion des païens par des moyens autoritaires ; mais le disciple s'oppose tout net aux « égarements du maître », à ces « procédés de basse police [2] » : « La conduite de Dieu, qui dispose toutes choses avec douceur, est de mettre la religion dans l'esprit par les raisons et dans le cœur par la grâce, mais de la vouloir mettre dans l'esprit et dans le cœur par la force et par les menaces, ce n'est pas y mettre la religion mais la terreur » (185). Pas d'humanisme sans humanité.

• *Un appel à l'être*

Pour terminer, il convient de dissiper la réputation de pessimisme qui s'attache à Pascal. Sans doute celui-ci a-t-il une conception dramatique de la condition humaine, puisque nous ne pouvons échapper à un choix capital qui risque d'aboutir à un châtiment éternel - mais la mort, même si elle ne débouche sur rien, n'est-elle pas toujours tragique ? Au reste, Pascal ne se complaît dans aucune description terrifiante et morbide ; il semble réduire à « quelques-uns » (430) le nombre des réprouvés, il met

---

1. Préface à l'édition Folio des *Pensées*.
2. Philippe Sellier, *Pascal et Saint Augustin*, op. cit.

l'accent sur le salut et le bonheur, non seulement dans l'au-delà, mais déjà ici-bas : « Nul n'est heureux comme un vrai chrétien, ni raisonnable, ni vertueux, ni aimable » (541) - « Deux lois (aimer Dieu et aimer son prochain comme soi-même) suffisent pour régler toute la République chrétienne, mieux que toutes les lois politiques » (484) - Tableau moins sombre qu'un scepticisme désabusé ou que le nihilisme qui fascine nos contemporains. Ce qui retentit à travers les *Pensées* ce n'est pas un appel au néant, c'est un appel à l'être, un besoin d'absolu qu'on ne peut nier sans nous mutiler, sans que nous renoncions à être pleinement hommes : « Malgré la vue de toutes nos misères qui nous touchent, qui nous tiennent à la gorge, nous avons un instinct que nous ne pouvons réprimer, qui nous élève » (411).

Mais cette aspiration spontanée loin de se passer de nos facultés maîtresses, raison et volonté, les requiert - La raison, Pascal « ne l'humilie ni devant la foi à laquelle elle participe, ni devant le mystère auquel elle n'adhère que pour vaincre l'absurde et ainsi se justifier elle-même, donner raison à la raison » (Étienne Borne) - La volonté, ce sera le renoncement aux facilités de l'épicurisme vulgaire, la guerre aux illusions confortables, la dure recherche de la vérité.

De là un optimisme qui n'a rien de superficiel, car Pascal n'est ni de ceux qui méprisent l'homme, ni de ceux qui en font un Dieu : « S'il se vante, je l'abaisse ; s'il s'abaisse, je le vante » (420) - Nul équilibre, nul compromis ici, mais toujours cette union des contraires qui trouve sa solution dans une vérité supérieure -.

L'humanisme pascalien ne prend, évidemment, tout son sens que dans une perspective chrétienne. Du moins, chacun de nous, quelles que soient ses opinions philosophiques ou religieuses, peut-il reconnaître dans l'auteur des *Pensées* un maître d'inquiétude, mais d'une saine inquiétude, celle qui aborde les questions les plus vitales et les plus nobles, un maître d'énergie aussi et d'espérance : « L'homme passe infiniment l'homme » (434).

▶ Bibliographie commentée | Annexes

« Les pensées »

BRUNSCHVICG LÉON : Éd. Minor, Hachette, 1897.

LE GUERN MICHEL : Éd. Folio (2 vol.), 1977. Distingue nettement les fragments classés des fragments non classés.

Anthologies

SELLIER PHILIPPE : Classement par thèmes, Hatier, 1972. Perspectives neuves et profondes par un spécialiste.

L'ÉPOQUE

SAINTE-BEUVE : *Port-Royal* (1837-53), la Pléiade, 3 volumes. Évocation par un grand psychologue du climat de Port-Royal.

ADAM ANTOINE : *Histoire de la littérature française au XVIIᵉ siècle*, tome II, Domat, 1951. Beaucoup d'idées originales.

PASCAL

Études générales

STEINMANN JEAN : *Pascal*, Éd. du Cerf, 1954. Plaidoirie catholique.

MESNARD JEAN : *Pascal*, L'homme et l'œuvre, Hatier, dernière édit. 1967. Chef-d'œuvre de concision, de précision et d'exactitude. Indispensable.

MESNARD JEAN : *Les Pensées de Pascal*, Éd. Sedes, 1976.

LE GUERN MICHEL et MARIE-ROSE : *Les Pensées : de l'anthropologie à la théologie*, Larousse-université, 1972. Commentaire remarquable qui suit de près le mouvement des 27 liasses de Pascal.

Études particulières

LAPORTE JEAN : *Le cœur et la raison selon Pascal*, Elzévir, 1929.

RUSSIER JEANNE : *La foi selon Pascal*, P.U.F., 1949.

SELLIER PHILIPPE : *Pascal et Saint Augustin*, A. Colin, 1970.

GOLDMANN LUCIEN : *Le Dieu caché. Étude sur la vision tragique dans les Pensées*, Gallimard, 1955. Étude sociologique dans une optique marxiste.

GUITTON JEAN : *Génie de Pascal*, Aubier.

JERPHAGNON LUCIEN : *Le caractère de Pascal*, P.U.F., 1962.

Index thématique 74126

	Références aux pages du « PROFIL »	Références aux pag des « Pensées » (édition Folio-Brunschvicg)
Bonheur	37, 38	60, 423, 425
Cœur	37, 40, 46, 54, 77	143, 185, 277, 2' 282, 283
Divertissement	36, 37, 76	139, 171, 183
Foi	42, 43, 44	248, 265, 278
Grâce	26, 27, 28, 42, 77	185
Grandeur	31, 59, 76, 78	346, 353, 402, 4
Infini	17, 24, 32, 33, 37, 44, 58, 62	72, 425, 693, 793
Instinct	32, 37, 52, 78	139, 282, 411
Justice	34, 50, 51	220, 229, 331, 5 564, 578
Liberté	26, 27, 29, 42, 52, 53	
Misère	31 à 37	60, 72, 83, 131, 1 416
Mystère	48, 51	434, 560, 751
Raison	38, 39, 40, 41, 43, 46, 47, 48, 54, 77, 78	185, 267, 269, 2 273, 282, 315
Religion	52, 53, 56	187, 433, 585, 588
Salut	5, 29, 51, 73	430, 553
Vérité	37, 39, 40, 41, 43, 55	25, 423, 434, 437,

Imprimé en France par MAURY-IMPRIMEUR S.A. — 45330 Malesherbes
Dépôt légal : Juin 1991
N° d'édition : 12643 – N° d'impression : E 91/35073 P